Steuerrechtliche Einzelschriften.
Herausgegeben von
Dr. Alfred Friedmann, Rechtsanwalt am Kammergericht und Dr. Richard Wrzeszinski, Rechtsanwalt und Notar
in Berlin.

Schrift 4

Das neue Steuerrecht der Berggewerkschaften und Bohrgesellschaften

Von

Dr. Rudolf Isay,
Rechtsanwalt am Kammergericht.

Berlin und Leipzig 1920.
Vereinigung wissenschaftlicher Verleger
Walter de Gruyter & Co.
vormals G. J. Göschen'sche Verlagshandlung — J. Guttentag, Verlagsbuchhandlung — Georg Reimer — Karl J. Trübner — Veit & Comp.

Abkürzungs-Verzeichnis.

ABG.:	Allgemeines Berggesetz für die preußischen Staaten.
EinkStG.:	Einkommensteuergesetz vom 29. März 1920 (Reichsgesetzblatt S. 359).
HGB.:	Handelsgesetzbuch.
Isay:	Dr. H. u. R. Isay, Kommentar zum Allgemeinen Berggesetz Band 1 und 2.
KESTG.:	Kapitalertragsteuergesetz v. 29. März 1920.
KörpStG.:	Körperschaftssteuergesetz vom 30. März 1920 (RGBl. S. 393).
KrStG.:	Kriegssteuergesetz vom 21. Juni 1916.
OVG.:	Oberverwaltungsgericht.
OVG. i. St.:	Entscheidungen des Oberverwaltungsgerichts in Staatssteuersachen.
PrEinkStG.:	Preußisches Einkommensteuergesetz vom 19. Juni 1906
RAO.:	Reichsabgabenordnung vom 13. Dezember 1919 (Reichsgesetzblatt S. 1993).
RFH.:	Reichsfinanzhof (Sammlung seiner Entscheidungen und Gutachten).
RNO.:	Reichsgesetz über das Reichsnotopfer vom 31. Dezember 1919 (RGBl. S. 2189).
Zeitschr. f. Bergr.:	Zeitschr. f. Bergrecht, gegründet von Brassert.

Inhalt.

Einleitung.

Die Gesellschaftsformen, die sich im Bergbau herausgebildet haben, nämlich die Gewerkschaften alten und neuen Rechts sowie die Bohrgesellschaften, haben seit jeher vermöge ihres eigenartigen, den Bedürfnissen des Bergwerkbetriebes angepaßten Aufbaus der Anwendung allgemeiner Rechtsgrundsätze besondere Schwierigkeiten entgegengestellt. Dementsprechend werfen sich auch bei der Anwendung der neuen Steuergesetze auf jene Gesellschaften schwierige Fragen auf, deren praktische Bedeutung bei der Höhe der allgemeinen Steuerlast auf der Hand liegt und deren Erörterung daher die nachstehende Untersuchung gewidmet ist. Gleichzeitig macht die vorliegende Abhandlung den Versuch einer systematischen Zusammenfassung des für jene Gesellschaften geltenden neuen Steuerrechts, um den Interessenten den Überblick über die verwickelte Materie zu erleichtern. Behandelt sind: die große Vermögensabgabe (Reichsnotopfer), die Einkommensbesteuerung (Körperschaftssteuer) und die Kapitalertragssteuer.

Der Erörterung ist das preußische Bergrecht zugrunde gelegt worden. Das von Brassert geschaffene preußische Berggesetz hat den übrigen deutschen Berggesetzen als Vorbild gedient. In den hier fraglichen Beziehungen ergeben sich nach den Vorschriften der letzteren auch keine wesentlichen Besonderheiten, soweit dies nicht hervorgehoben ist.

A. Das Reichsnotopfer.

I. Allgemeine Grundlage.

1. Berggewerkschaften.

Das Gesetz über das Reichsnotopfer vom 31. Dezember 1919 (RGBl. 2189) unterwirft der Steuerpflicht in § 2 Nr. 4 „Berggewerkschaften und andere Bergbau treibende Vereinigungen, letztere, sofern sie die Rechte juristischer Personen haben". Die Frage der juristischen Persönlichkeit ist also nur für diejenigen bergbaulichen Gesellschaften von Belang, die nicht als „Berggewerkschaften" anzusehen sind. Damit ist die Streitfrage, ob die Gewerkschaft alten Rechts die Natur einer juristischen Person besitzt (vgl. Isay, § 227, Anm. 1) für die Steuerpflicht unpraktisch geworden.

Ob eine bestimmte bergbauliche Vereinigung als „Berggewerkschaft" anzusprechen ist oder nicht, kann nur für Vereinigungen aus der Zeit vor dem Inkrafttreten des ABG., zweifelhaft sein. Die Frage ist zu bejahen, wenn es sich um eine spezifisch bergrechtliche Gesellschaft handelt, die auf einem durch Verleihung erworbenen Bergwerk beruht (OVG. i. St. **3** 65, **6** 263, **10** 129; Isay, § 226 Anm. 1).

Die Steuerpflicht trifft alle am Stichtage, dem 31. Dezember 1919, bestehenden Gewerkschaften. Sie müssen also spätestens am 30. Dezember 1919 zur Entstehung gelangt sein und dürfen andererseits am 31. Dezember 1919 noch nicht erloschen sein.

Die Entstehung der Gewerkschaft vollzieht sich nach preußischem Recht ipso iure in dem Augenblick, in dem ein verliehenes Bergwerk in das Eigentum mehrerer Personen übergeht, vorausgesetzt nur, daß zwischen diesen Personen nicht ein anderes Rechtsverhältnis in gerichtlicher oder notarieller Form vereinbart ist, und daß das Bergwerk nicht Bestandteil eines Gesamthandsvermögens wird (§§ 94, 133 ABG.). Hiernach kommen als Entstehungsgründe für eine Gewerkschaft die Verleihung des Bergwerkseigentums, die Konsolidation zweier Bergwerke (§ 41 ABG.), die Auflassung eines Bergwerkes und der Zuschlag in der Zwangsversteigerung in Betracht. Im Falle der Verleihung entsteht die Gewerkschaft, wenn die Verleihungsurkunde den Mutern zugestellt wird, im Fall der Konsolidation mit der Zustellung der Bestätigung, bei der Auflassung von Bergwerkseigentum entscheidet der Augenblick der Eintragung im Grundbuch, im Falle der Zwangsversteigerung die Verkündung des Zuschlags (Isay I S. 436ff.). Über die Entstehung der Gewerkschaft, wenn einem hannoverschen Kalibergwerk gemäß dem Gesetze vom 30. Mai 1917 die Gewerkschaftsfähigkeit verliehen wird, vergl. Isay II S. 320.

Nach dem Bergrecht Sachsens, Badens, einiger Thüringer Staaten und Mecklenburg-Schwerins ist zur Entstehung einer Gewerkschaft außer dem Erwerb des Bergwerkeigentums noch die Errichtung einer Satzung und teilweise sogar auch öffentliche Bekanntmachung erforderlich.

Die Gewerkschaft erlischt nicht schon mit ihrer Auflösung, sondern erst mit der Beendigung der Liquidation, da sie während der Liquidation nach § 49 Abs. 2 BGB. als fortbestehend gilt (vgl. OVG., E. i. St. **17** 150, 265, 266; Isay, Anhang hinter § 134 Anmerkung 2). Nach § 87 RAO. hat der Liquidator dafür zu sorgen, daß Mittel zur Bezahlung der Steuer zurückgehalten werden; widrigenfalls haftet er nach § 90 RAO. persönlich.

Die Gewerkschaften unterliegen der Steuerpflicht nach § 1 Abs. 2 Nr. 3 mit ihrem Reinvermögen n a c h A b z u g d e s e i n g e z a h l t e n G r u n d - o d e r S t a m m k a p i t a l s. Wie dies zu berechnen ist, siehe unten S. 25. Durch diese Vorschrift soll vermieden werden, daß das Vermögen der Gewerkschaft zweimal, nämlich einmal bei ihr und ein zweites Mal durch Besteuerung der den Gewerken gehörigen Kuxe, in voller Höhe der Abgabe unterliegt.

Die Bohrgesellschaften.

Für den Grundeigentümerbergbau, vor allem für den Kalibergbau in Hannover und den Braunkohlenbergbau im Mandatsbezirk, dem die Gewerkschaftsform nur auf Umwegen, durch den sogenannten Gewerkschaftskauf (Isay II Seite 261) zugänglich gemacht werden kann[1]), hat sich die eigenartige Rechtsform der Bohrgesellschaft entwickelt. Bei dieser wird die Mitgliedschaft durch sogenannte Bohranteile verbrieft, deren meist 1000 ausgegeben werden und die frei übertragbar sind. Die zum Betriebe des Bergbaus erforderlichen Mittel werden in Gestalt von Zubußen von den Mitgliedern aufgebracht, und entsprechend werden etwaige Überschüsse als Ausbeute an die Mitglieder verteilt. Die Mitglieder haften in gewissen Grenzen persönlich für die Schulden der Gesellschaft. Die Geschäftsführung liegt einem Vorstand ob. Oberstes Organ ist eine Mitgliederversammlung, in der das Stimmrecht nach Bohranteilen ausgeübt wird. Juristisch handelt es sich bei der Bohrgesellschaft um einen nicht rechtsfähigen Verein, der durch eigenartige Ausgestaltung seiner Verfassung soweit wie irgend möglich einer Gewerkschaft angenähert ist. (Näheres vgl. Isay II, S. 264ff.)

Es fragt sich, ob diese Bohrgesellschaften gemäß § 1 Nr. 6 RNO. dem Notopfer unterliegen. § 1 Nr. 6 erklärt für abgabepflichtig „Vermögensmassen, die nicht dem Vermögen anderer Abgabepflichtigen anzurechnen sind, insbesondere das Vermögen nicht rechtsfähiger Vereine . . . .“. Daß die Bohrgesellschaften nicht rechtsfähige Vereine sind, wurde bereits hervorgehoben und entspricht der ständigen Praxis des Reichsgerichts (z. B. RGZ. 74 372, 82 295). Ebenso zweifellos aber ist andererseits, daß das Vermögen der Bohrgesellschaft den einzelnen Gesellschaftern anzurechnen ist, und daß die selbständige Besteuerung der Bohrgesellschaft dem ganzen Sinn und Zweck des § 1 Nr. 6 zuwiderlaufen würde. Dieser will solche Vermögensmassen treffen, welche, wie z. B. die Vermögen geselliger Vereine, ohne selbständige Besteuerung

[1]) Nach dem Gesetz vom 30. 5. 1917 kann Hannöverschen Kalibergwerken neuerdings die Gewerkschaftsfähigkeit verliehen werden.

völlig steuerfrei ausgehen würden, da kein Mitglied die Mitgliedschaft als Vermögensrecht ansehen und bei der Steuererklärung mitberücksichtigen würde. Daher werden diese Vermögensmassen auch in voller Höhe für steuerpflichtig erklärt: Der Abzug eines Grundkapitals ist, anders als in Fällen der Nr. 4, hier nicht vorgesehen, da offensichtlich mit der Möglichkeit einer Doppelbesteuerung hier nicht gerechnet wurde. Demgegenüber ist der Bohranteil zweifellos ein Vermögensrecht und nach § 9 Nr. 3 RNO. von jedem Mitglied zu versteuern. Würde daneben die Bohrgesellschaft noch selbständig zum Notopfer veranlaßt, so läge eine Doppelbesteuerung von unerhörter Härte vor. Denn während offene Handelsgesellschaften und Kommanditgesellschaften überhaupt nicht selbständig steuerpflichtig sind, während andererseits Aktiengesellschaften und Gewerkschaften nur mit ihren Reserven zum Notopfer beizusteuern haben, würde das Vermögen der Bohrgesellschaft in voller Höhe zweimal veranlagt, also die Bohrgesellschaft von allen Erwerbsgesellschaften weitaus am härtesten herangezogen werden.

Das kann nicht die Absicht des Gesetzes sein. Wenn § 1 Nr. 6 als Beispiel die nicht rechtsfähigen Vereine nennt, so hat er nur solche im Auge, auf welche die Voraussetzungen der zunächst aufgestellten Regel zutreffen, daß nämlich ihr Vermögen dem keines anderen Abgabepflichtigen anzurechnen ist. Die Bohrgesellschaften werden somit von § 1 Nr. 6 nicht betroffen und scheiden bei den nachstehenden Erörterungen aus. Wegen der Körperschaftssteuer vergleiche unten Seite 31.

II. Die Besteuerungsgrundlagen.

1. Der Begriff des gesamten beweglichen und unbeweglichen Gesellschaftsvermögens (§ 17 RNO.).

Die näheren Vorschriften zur Berechnung des abgabepflichtigen Vermögens der Gewerkschaften enthält § 17 RNO.

Gemäß § 17 gehört zur Aktivmasse „das gesamte bewegliche und unbewegliche Gesellschaftsvermögen", also alle Gegenstände, die im Eigentum der Gewerkschaft stehen, namentlich das ihr gehörige Bergwerk.

Ein fremdes Bergwerk, das gepachtet ist oder auf Grund eines ähnlichen Rechtstitels ausgebeutet wird, ist nicht als Aktivposten in Ansatz zu bringen, vielmehr kann es sich lediglich fragen, ob das daran bestehende Nutzungsrecht einen selbständigen Wert darstellt. Diese Frage ist erstlich dann zu verneinen, wenn das Bergwerk einer Tochtergesellschaft gehört, deren Kuxe im Besitz der Muttergesellschaft sind. Denn hier beruht das Nutzungsrecht auf dem Kuxbesitz; sein Wert ist also in dem der Kuxe enthalten, welche letztere in der Vermögensbilanz zu berücksichtigen sind, da eine dem § 6 Nr. 8 KStG. entsprechende Befreiung für Schachtelgesellschaften beim Reichsnotopfer nicht gewährt wird. Außerdem wird der Wert des Bergwerks voll bei der Tochtergesellschaft in Ansatz gebracht. Ferner besitzt das Nutzungsrecht keinen selbständigen Wert, wenn es gegen einen jährlichen Pachtzins eingeräumt ist, da hier Leistung und Gegenleistung einander aufheben. Dagegen muß das Recht aus dem Pachtvertrage oder einer Dienstbarkeit berücksichtigt werden, falls es gegen eine einmalige Vergütung erworben wurde (OVG. i. St. **18** 106). Sein Wert wird gemäß § 144 RAO. durch Kapitalisierung des Jahreswertes der Nutzungen ermittelt; und zwar erfolgt die Kapitalisierung stets zum 12½fachen des Jahreswertes, auch wenn die Nutzung bis zur Erschöpfung des Vorkommens fortgesetzt werden soll; denn auch in diesem Falle handelt es sich um Nutzungen von unbestimmter Dauer, da der Zeitpunkt der Erschöpfung des Vorkommens niemals feststeht und die Ausnutzung zudem durch die dem Bergbau eigentümlichen Gefahren, wie Wassereinbruch und dergl., stets ein vorzeitiges Ende nehmen kann.

Wenn es allerdings nach Lage des Falles nach menschlichem Ermessen ausgeschlossen erscheint, daß die Ausnutzung des Bergwerks vor Ablauf von 25 Jahren endet, so ist zum Fünfundzwanzigfachen des Jahreswerts zu kapitalisieren (RFH. v. 3. 2. 20 Zeitgem. Steuerfr. **1** 150).

Die Steuerbefreiung, die im § 11 für Hausrat und sonstige bewegliche Sachen angeordnet ist, kann die Gewerkschaft nicht für sich in Anspruch nehmen. Denn die Befreiung greift nur Platz, wenn die Sachen nicht als Zubehör eines Grundstückes oder als Bestandteil eines Betriebsvermögens anzusehen sind. Für Maschinen, Werkzeuge, Vorräte, Bureauinventar usw. ist jedoch ohne weiteres klar, daß sie zum Betriebsvermögen gehören. Und auch für Möbel in der Wohnung des Zechendirektors und ähnliche Gegenstände muß, fall sie der Gewerkschaft gehören, das Gleiche gelten. Schon nach bisherigem Recht galt die Vermutung, daß sämtliche Unternehmungen der Gewerkschaft ein einheitliches Ganzes bilden und dem Bergwerksbetriebe dienen (OVG., Zeitschrift für Bergrecht 52 268).

2. Die Bewertungsgrundsätze für das Aktivvermögen.

Für die Bewertung der Vermögensgegenstände gelten die Vorschriften der RAO., die folgenden Inhalt haben:

Grundsätzlich ist der Bewertung der „gemeine Wert" zugrunde zu legen (§ 137 Abs. 1 RAO.). Das ist der Veräußerungswert: er wird nach § 138 durch den Preis bestimmt, „der im gewöhnlichen Geschäftsverkehre nach der Beschaffenheit des Gegenstandes unter Berücksichtigung aller den Preis beeinflussenden Umstände bei einer Veräußerung zu erzielen wäre;" dabei sind „ungewöhnliche oder lediglich persönliche Verhältnisse" nicht zu berücksichtigen.

Wirtschaftliche Einheiten sind im ganzen zu bewerten (§ 137 Abs. 2). Bei der Bewertung von Vermögen, das einem Unternehmen gewidmet ist, wird in der Regel davon ausgegangen, daß das Unternehmen bei der Veräußerung nicht aufgelöst, sondern weitergeführt wird (§ 139 Abs. 1).

Für die Ermittelung des gemeinen Wertes von bestimmten Vermögensstücken, z. B. von Mitberechtigungen, Aktien, Kuxen, Forderungen, Nutzungsrechten usw. sind in §§ 140ff. Sondervorschriften erlassen.

Von der Regel, daß der gemeine Wert für die Bewertung maßgebend ist, werden zwei Ausnahmen gemacht:

Gegenstände, die dauernd dem Betriebe eines Unternehmens gewidmet sind, dürfen statt zum gemeinen Wert zum Anschaffungs- oder Herstellungspreis abzüglich angemessener Abnutzung angesetzt werden, wenn dieser niedriger ist (§ 139 Abs. 2)[1]).

Ferner hat bei landwirtschaftlichen Grundstücken und bei bebauten Grundstücken, die Wohnzwecken oder gewerblichen Zwecken dienen, der Steuerpflichtige die Wahl zwischen dem Ertragswert und dem gemeinen Wert (§ 152). Berechtigungen, auf welche die Vorschriften des bürgerlichen Rechts über Grundstücke Anwendung finden, sind wie Grundstücke zu bewerten (§ 153).

a) Vergleicht man diese Vorschriften mit den Grundsätzen, nach denen üblicherweise die Bilanzen der Gewerkschaften errichtet werden, so gewinnt man zunächst den Eindruck, daß die Bilanzen für die Ermittlung des Steuerwertes gänzlich ausscheiden müssen. Dazu scheint nicht bloß der vorgeschriebene Wertmaßstab zu führen, also die Vorschrift, den Veräußerungswert statt der in der Bilanz üblichen Gestehungskosten der Bewertung zugrunde zu legen, sondern vor allem die Bestimmung, daß wirtschaftliche Einheiten als Ganzes zu bewerten sind.

Nähme man letztere Vorschrift wörtlich, so würde sie besagen, daß die einzelnen Wertansätze, aus denen sich die Bilanz zusammensetzt, ohne Bedeutung sind, vielmehr wäre lediglich der Verkaufswert des Bergwerks nebst allem Zubehör im ganzen zu schätzen, etwa unter Berücksichtigung des Preises, den ähnliche Unternehmungen in letzter Zeit erzielt haben. Es bedarf indessen keiner Hervorhebung, daß eine solche Art der Bewertung jeder realen Unterlage entbehren würde; sie würde auf eine reine Mutmaßung hinauslaufen.

Nach Sinn und Zweck des Gesetzes ist dies auch nicht die Absicht des § 137. Das zeigt schon die Vorschrift des § 139, wonach die dauernd dem Betriebe gewidmeten Gegenstände

---

[1]) Nach der Auffassung von Friedmann, Heft 3 S. 42 dieser Abh., wird die Anwendung des § 139 Abs. 2 RAO. durch § 17 RNO. ausgeschlossen. Dem ist nicht beizutreten, § 17 RNO. ist keine Bewertungsvorschrift, sondern bestimmt den Umfang des steuerpflichtigen Vermögens und die zulässigen Abzüge.

zum Anschaffungspreis eingesetzt werden dürfen. Dies wäre praktisch unmöglich, wenn für das ganze Bergwerk einfach ein Gesamtpreis geschätzt würde. Vor allem aber geht der Zweck der Vorschrift, wie die Begründung (S. 111) ergibt, nur dahin, auch die Werte steuerlich zu erfassen, die in der Organisation des Unternehmens als solchem stecken, also vor allem die Betriebserfahrungen, die Kundschaft usw., welche in der Bilanz in aller Regel nicht zum Ausdruck kommen. Diese Absicht schließt aber nicht aus, bei der Bewertung zunächst von den einzelnen Unternehmungsbestandteilen auszugehen. Auch bei sonstigen Gelegenheiten, bei denen der volle Wert des Unternehmens ermittelt werden soll, z. B. bei Verkäufen, Auseinandersetzungen u. dgl., wird stets zunächst eine gewöhnliche Bilanz errichtet. Nur wird dann nachträglich zu dem Bilanzwert ein Zuschlag als „Firmenkonto", „Faconwert" oder dgl. hinzugerechnet, der den Mehrwert des organisierten Unternehmens gegenüber den Einzelwerten der Unternehmensbestandteile zum Ausdruck bringt. Ebenso ist auch bei der Ermittelung des Steuerwertes zu verfahren (abw. Friedmann, Heft 3 dieser Abhandlungen S. 54). Dabei darf der Zuschlag nicht über den Betrag hinausgehen, der bei einer Veräußerung des Unternehmens sicher erzielt werden kann (Begründung S. 111). Es wird daher speziell bei Gewerkschaften nicht gerade häufig zum Ansatz eines solchen „Faconwertes" kommen, denn der Wert des Unternehmens der Gewerkschaft steckt fast nie in der Kundschaft und ähnlichen Immaterialgütern, sondern so gut wie ausschließlich in dem Vorkommen und den zu dessen Ausbeutung getroffenen bergbaulichen Anlagen. Wo aber ein solcher Wert eingesetzt wird, da hat das Finanzamt bei der Abschätzung dem Ermessen des Steuerpflichtigen einen weiten Spielraum zu lassen und nicht ohne gewichtige Gründe davon abzugehen (Begründung S. 111).

Im einzelnen machen die Vorschriften des Gesetzes, die auf die möglichst vollständige Ermittelung des Reinvermögens abzielen, vielfache Abweichungen von der vornehmlich der Gewinnermittelung dienenden Betriebsbilanz erforderlich.

b) Bei der Feststellung des Veräußerungswertes, den das

Unternehmen im ganzen besitzt, sind ungewöhnliche oder lediglich persönliche Verhältnisse nicht zu berücksichtigen, und zwar gleichviel, ob sie werterhöhend oder wertvermindernd wirken.

Unter persönlichen Verhältnissen sind solche den Wert beeinflussende Umstände zu verstehen, die lediglich in der Person des derzeitigen Eigentümers begründet sind. Beispielsweise ist die Wertverminderung außer Betracht zu lassen, die auf einem zwischen der Gewerkschaft und ihrer Muttergesellschaft bestehenden Vertrage beruht, wonach die Muttergesellschaft das Feld der Gewerkschaft zu sehr günstigen Bedingungen ausbeuten darf. Umgekehrt liegt der Fall, daß ein in unmitelbarer Nachbarschaft eines Braunkohlenbergwerkes belegenes industrielles Unternehmen die Kuxe der Braunkohlengewerkschaft zu einem besonders hohen Preise erwirbt. Hier bleibt der Mehrwert außer Betracht, der für das Industrieunternehmen darin begründet ist, daß es die geförderte Rohkohle ohne Brikettierung und ohne alle Transportunkosten alsbald verfeuern kann und von fremder Kohlenzufuhr unabhängig ist. Vielmehr ist der Wert zu ermitteln, den das Werk für einen Dritten besitzen würde, der die Braunkohle am allgemeinen Markt absetzen und zu diesem Zweck die Verluste und Unkosten der Brikettierung sowie die Kosten des Transportes auf sich nehmen müßte.

Ungewöhnliche Verhältnisse sind solche, die ihrer Natur nach vorübergehend sind. Hierher gehören vor allem die jetzigen abnormen Konjunkturverhältnisse, die auf den Folgen des Krieges und der Revolution sowie der damit verknüpften Erschütterung der deutschen Valuta beruhen. Bekanntlich sind manche Bergwerke, die seit langem als unrentabel aufgelassen waren, jetzt wieder in Betrieb genommen worden, weil ihre Erzförderung bei dem derzeitigen Valutastande mit den vom Ausland zu importierenden Erzen zu konkurrieren vermag. Jedoch wird ihre Konkurrenzfähigkeit bei steigender Valuta wieder verschwinden, und infolgedessen ist ihre erneute Betriebseinstellung nur eine Frage der Zeit. Ihr derzeitiger Wert ist, weil nur vorübergehend, somit außer

Betracht zu lassen. Entsprechendes gilt für die Wertsteigerung, die zahlreiche im Betrieb befindliche Bergwerke durch die augenblicklichen Konjunkturverhältnisse erfahren haben.

Hiergegen läßt sich einwenden, daß es sicherlich mehrere Jahre dauern wird, bis eine auch nur annähernde Gesundung unserer Verhältnisse und eine Stabilisierung unserer Valuta eintritt. Umstände, die mehrere Jahre hindurch anhalten könnten, dürfe man aber nicht als „ungewöhnliche" oder vorübergehende bezeichnen. Allein der Begriff des „Ungewöhnlichen" oder des „Vorübergehenden" bekommt einen greifbaren Inhalt überhaupt nur durch einen bestimmten Vergleichsmaßstab: Was für den Menschen ein flüchtiger Augenblick ist, füllt das halbe Leben der Eintagsfliege aus. Daher wird man die Frage, welche Verhältnisse als ungewöhnlich oder vorübergehend bei der Bewertung auszuscheiden haben, ganz verschieden beantworten müssen, je nachdem es sich, wie beispielsweise bei der Besitzsteuer, um eine in kurzen Zeitabschnitten wiederkehrende Steuer handelt oder, wie beim Reichsnotopfer, um eine ganz außerordentliche Abgabe, die frühestens in einem halben Jahrhundert wiederholt werden kann. Gemessen an der Tatsache, daß für die Tilgung des Reichsnotopfers ein Zeitraum von fast 30 Jahren vorgesehen ist, müssen Umstände, die voraussichtlich im Laufe von vier bis fünf Jahren wieder verschwinden, als außergewöhnliche bezeichnet werden.

Zu dem gleichen Ergebnisse führen auch die Vorschriften der §§ 56, 57 RNO. Hiernach kann die Veranlagung innerhalb dreier Jahre ohne weiteres neu vorgenommen und nach oben oder unten berichtigt werden. Der Steuerpflichtige kann auch verlangen, daß als Stichtag statt des 31. Dezembers 1919 der 31. Dezember der Jahre 1920, 1921 oder 1922 der Bewertung zugrunde gelegt wird, falls sein Vermögen sich inzwischen durch Verkäufe oder Verluste um mehr als ein Fünftel vermindert hat. In diesen Bestimmungen kommt der Gedanke zum Ausdruck, daß dem Reichsnotopfer nur ein solcher Steuerwert zugrunde gelegt werden soll, der sich während einer Zeit von drei bis vier Jahren annähernd stabil hält.

Den Steuerpflichtigen und den Steuerbehörden ist daher die schwierige Aufgabe gestellt, abzuschätzen, in welcher Stellung vermutlich das Pendel der Preise schließlich zur Ruhe kommen wird. Daß das weit über dem Friedensstand sein wird, kann keinem Zweifel unterliegen. Andererseits aber braucht die Bewertung nicht das exorbitante Preisniveau zugrundezulegen, das sich im Winter 1919/20 unter dem Eindruck der politischen Verhältnisse, des ständigen Fallens der deutschen Valuta und der dadurch veranlaßten „Flucht aus der Mark" herausgebildet hatte. Andernfalls würde bei den außerordentlich hohen Sätzen des Reichsnotopfers die Steuer in 1—2 Jahren vielleicht den dann noch vorhandenen Wert des steuerpflichtigen Vermögens übersteigen.

Als ungewöhnliche oder persönliche Verhältnisse sind solche Umstände nicht anzusehen, die auf dauernden Eigentümlichkeiten des betreffenden Vermögens beruhen, mögen sie sich auch bei derartigen Vermögen sonst selten finden. Die besondere Gefahr des Wassereinbruchs, die einem Bergwerk anhaftet und seinen Wert herabsetzt, die Möglichkeit, daß infolge außergewöhnlich starker Verwerfung der Schichten das Flöz plötzlich verschwindet und nicht wieder aufgefunden werden kann, sind bei der Veranlagung selbstverständlich zu berücksichtigen.

c) Daß die Veranlagung zum Veräußerungswert vorgenommen wird, hat zur Folge, daß die stillen Reserven, die in den Bilanzen der Gewerkschaft durch Unterbewertung oder Fortlassung einzelner Vermögensgegenstände gebildet sind, sichtbar werden und zur Versteuerung gelangen (Näheres Friedmann S. 13ff.).

d) Die Regel, daß die Bewertung zum Veräußerungswert zu erfolgen hat, gilt an sich auch für die einzelnen Vermögensgegenstände, durch deren Summierung der Gesamtwert des Unternehmens ermittelt wird. Jedoch haben die Ausnahmen, die nach der RAO. von dieser Regel gemacht werden dürfen, für die Gewerkschaften praktisch eine solche Bedeutung, daß die Regel sich hier tatsächlich in ihr Gegenteil verkehrt.

α) Zunächst sind nach § 139 Abs. 2 die dauernd dem Betriebe gewidmeten Gegenstände zum Anschaffungs- oder Herstellungspreis abzüglich angemessener Abschreibungen für Abnutzung anzusetzen, falls nicht der „wirkliche" Wert niedriger ist. Die Abschreibungen sind an dem Anschaffungswert vorzunehmen. Sie werden sich regelmäßig danach richten, welcher Teil der mutmaßlichen Lebensdauer des Gegenstandes am 31. Dezember 1919 bereits abgelaufen war. Bei Bergwerken wird ein solcher Teil des Preises abzuschreiben sein, als dem seit dem Erwerb des Bergwerks geförderten Teil der Gesamtsubstanz entspricht.

Dauernd dem Betrieb gewidmet sind die gesamten Bergwerksanlagen nebst allem Zubehör an Maschinen, Werkzeugen, Förderwagen, Zugtieren und dergleichen, ebenso alle Anlagen zur Aufbereitung und Weiterverarbeitung der gewonnenen Erzeugnisse, ferner Bureauinventar, Fuhrwerke, Gleisanlagen, Lokomotiven usw. Das Gleiche gilt für Beteiligungen an Tochtergesellschaften (vgl. OVG. i. St. **18**, 190), für Nutzungsrechte an fremden Feldern, für Patente, die im Betriebe ausgenutzt werden sollen und ähnliche Rechte, denn § 139 Abs. 2 ist nicht etwa auf körperliche Gegenstände beschränkt. Für die Bewertung zum gemeinen Wert bleiben daher an sich nur übrig: die Vorräte an geförderten Mineralien und sonstigen Erzeugnissen, sowie an Betriebsstoffen, ferner die Forderungen und Effekten der Gewerkschaft, und endlich die Schulden und Lasten, welche die Gewerkschaft treffen. Bei den sonstigen Vermögensgegenständen der Gewerkschaft spielt der gemeine Wert nur insofern eine Rolle, als die Gewerkschaft das Recht hat, ihn an Stelle des Anschaffungswertes der Veranlagung zugrunde zu legen.

β) Aber auch die Vorräte sind nicht einfach zu dem am 31. Dezember 1919 gültigen Marktpreise anzusetzen. Denn da der Wert des Unternehmens im ganzen zu ermitteln ist und zwar unter der Voraussetzung, daß das Unternehmen nicht aufgelöst, sondern weitergeführt werden soll (§§ 137, 139 RAO.), so ist zu fragen, welchen Wert wohl ein Kaufliebhaber am 31. Dezember 1919 bei Ermittelung des Gesamtpreises des Unternehmens den damals vorhandenen Vorräten beigemessen haben würde. Die Antwort kann nur folgendermaßen lauten: Ein solcher Käufer würde zunächst erwogen haben, daß der Absatz noch gewisse Unkosten verursachen werde. Wenn die Vorräte so groß waren, daß ihr Absatz sich längere Zeit hinziehen mußte, so würde er als vorsichtiger Kaufmann auch noch in Betracht gezogen haben, daß bei der Unsicherheit der Zeitläufte bis zur völligen Räumung des Lagers ein Umschlag der Konjunktur und somit eine teilweise Entwertung der Vorräte im Bereiche der Möglichkeit liege. Daher hätte der Käufer des Unternehmens die Vorräte nicht zum vollen Marktpreise übernommen, sondern davon mindestens die Verkaufsunkosten und eine gewisse Risikoprämie abgezogen. Ob sich tatsächlich die Konjunktur später geändert hat oder nicht, ist belanglos, da dies ein Kaufinteressent am 31. Dezember 1919 nicht vorhersehen konnte. Für die Kupfer- oder Zinkerz fördernden Gewerkschaften ist ein solcher Konjunkturumschlag durch den Ende März 1920 erfolgten Rückgang der Metallpreise ja tatsächlich eingetreten.

γ) Die Sondervorschriften, welche in §§ 152ff. RAO. für Grundstücke und ihnen gleichstehende Berechtigungen gegeben sind, haben für die Gewerkschaften geringere Bedeutung, da sie nach den schon im früheren Steuerrecht anerkannten Grundsätzen nur insoweit in Betracht kommen, als die Grundstücke nicht zum Betriebsvermögen gehören und daher nach § 139 Abs. 2 RAO. zum Einstandspreis abzüglich Abschreibungen einzusetzen sind[1]). Die Zugehörigkeit zum Betriebsvermögen ist aber, wie oben erwähnt, im Zweifel anzunehmen (OVG., Z. f. Bergrecht **52**, 268). Nur dann gelangen die Sondervorschriften zur Anwendung, wenn die Gewerkschaft es vorzieht, den „wirklichen" Wert an Stelle des Anschaffungspreises zugrunde zu legen, oder wenn letzterer sich nicht feststellen läßt.

In den letztgenannten beiden Fällen ist nach § 152 RAO. der gemeine Wert des Grundstücks zu ermitteln. Jedoch

---

[1]) Abw. Strutz, Zeitgem. Steuerfr. 1 90, der §§ 152ff. als lex specialis vorgehen läßt.

können bebaute Grundstücke, die Wohnzwecken oder gewerblichen Zwecken zu dienen bestimmt sind, zum Ertragswert eingesetzt werden. Als Ertragswert gilt gemäß § 18 RNO., § 152 RAO. das Zwanzigfache des Miets- oder Pachtertrages, der in den letzten drei Jahren im Durchschnitt erzielt worden ist oder im Falle der Vermietung oder Verpachtung hätte erzielt werden können, nach Abzug von einem Fünftel für Nebenleistungen und Instandhaltungskosten. Die Gewerkschaft muß also bei Fabrikgrundstücken, Arbeiterwohnhäusern und dergleichen zunächst den jährlichen Mietwert entweder durch Schätzung oder vermittelst einer Durchschnittsberechnung aus etwaigen tatsächlichen Mieteinnahmen ermitteln. Hiervon werden 20% für Unkosten abgezogen. Der Rest, mit 20 multipliziert, ergiebt den Ertragswert. Wird das Grundstück vor dem 1. Januar 1930 verkauft und übersteigt der Preis den errechneten Ertragswert um ein Viertel, so findet gemäß § 18 Abs. 2 RNO. eine Neuveranlagung statt. Ist ein Grundstück dem Bergwerkseigentum als Bestandteil zugeschrieben, so richtet sich seine Bewertung nach der des letzteren (§ 154 Abs. 1 RAO.). Es darf daher, selbst wenn es bebaut ist, nicht zum Ertragswert angesetzt werden, falls dies für das Bergwerk nicht zulässig ist, kann aber, auch wenn es unbebaut ist, zusammen mit dem Bergwerk zum Ertragswert in der Steuererklärung erscheinen.

δ) Nach den gleichen Grundsätzen wie ein Grundstück ist gemäß § 153 RAO., § 7 RNO. das Bergwerkseigentum zu bewerten, denn nach § 50 ABG. finden darauf die für Grundstücke geltenden Vorschriften des Bürgerlichen Gesetzbuches Anwendung. Ein ausgebautes Bergwerk, das sich in Betrieb befindet oder doch in absehbarer Zeit in Betrieb genommen werden soll, also gewerblichen Zwecken zu dienen bestimmt ist, wird demnach zum Ertragswert veranlagt; das „Grubengebäude", das nach bergmännischem Sprachgebrauch (vgl. z. B. § 24 ABG.) in Ausübung des Bergwerkseigentums errichtet ist, steht rechtlich und wirtschaftlich dem beispielsweise auf Grund eines Erbbaurechts errichteten Bauwerk völlig gleich. Daß es auch unterirdische „Gebäude" gibt, hat das Pr. OVG. in seinen Entscheidungen vom 4. Januar 1909 und 1. Juni 1911 (Pr. VerwBl. **31**, 328; Entsch. d. OVG. **59**, S. 103) anerkannt. Dagegen ist ein noch nicht ausgebautes Bergwerk, namentlich also ein unverritztes Feld, zum gemeinen Wert zu veranlagen.

Der Ertragswert ergibt sich bei verpachteten Bergwerken aus dem in den letzten drei Jahren (1917—1919) tatsächlich erzielten Pachtzins; von letzterem sind 20% für Nebenleistungen, Instandhaltungskosten und Abschreibungen in Abzug zu bringen; der Rest ist mit 20 zu multiplizieren.

Bei Bergwerken, die von der Gewerkschaft selbst ausgenutzt werden, tritt an die Stelle des tatsächlich gezahlten Pachtzinses ein Betrag, der im Falle der Verpachtung im Durchschnitt der drei Jahre 1917—1919 hätte erzielt werden können. Bei der Ermittelung dieses mutmaßlichen Pachtzinses sind vor allem die Pachtpreise zu beachten, die für die in der Nähe belegenen gleichartigen Bergwerke tatsächlich gezahlt worden sind. Indessen ist ein solcher Vergleich nur zulässig, wenn die Lagerungs- und Förderverhältnisse beider Bergwerke wirklich ähnlich sind. Das ist beispielsweise nicht der Fall, wenn das eine Bergwerk festes, das andere brüchiges Gestein, das eine flache, das andere steile Flöze aufweist, wenn das eine einen starken, das andere einen geringen Wasserzufluß besitzt. Ist aus diesen oder anderen Gründen ein Vergleich mit verpachteten Bergwerken der Nachbarschaft nicht möglich, so ist der mutmaßliche Pachtzins aus der Menge, den Verkaufspreisen und den Förderkosten der in den letzten drei Jahren geförderten Mineralien zu errechnen, indem man davon ausgeht, daß ein Pächter einen solchen Pachtzins für das Bergwerk gezahlt haben würde, der ihm bei den in den Jahren 1917—1919 gültigen Verkaufspreisen einen angemessenen Nutzen übriggelassen hätte. Unter den Unkosten sind auch die Lasten zu berücksichtigen, die der Pächter zu tragen hat. Dies ist nach der herrschenden Ansicht der Fall bei Renten, die für die Benutzung von Grundeigentum zu zahlen sind (Isay § 135 Anm. 10), und bei der ebenfalls eine Entschädigung für die Grundstücksbenutzung darstellenden Tradde (Isay, § 224

Anm. 13), die dem Berechtigten einen Anspruch auf einen Anteil am Rohertrag gewährt.

Wird das Bergwerk dagegen zum Anschaffungswert oder zum gemeinen Wert veranlagt, so sind diese Lasten von dem Gesamtvermögen abzuziehen (unten Nr. 3). Letzteres gilt ebenso, und zwar auch bei Veranlagung zum Ertragswert, von denjenigen Lasten, welche, wie die Freikuxverpflichtungen und die für Beschädigung von Grundeigentum zu entrichtenden Renten, den Bergwerkseigentümer und nicht den Pächter treffen (Isay, § 148 Anm. 16, § 224 Anm. 6, 8).

Falls der Anschaffungswert aus irgendwelchen Gründen nicht in Betracht kommt, wird es sich für die Gewerkschaften in der Regel empfehlen, ihren Bergwerksbesitz und ihre Grundstücke zum Ertragswert veranlagen zu lassen, weil die scheinbare Wertsteigerung, die alle Bergwerksanlagen im Jahre 1919 durch die allgemeine Geldentwertung erfahren haben, vermöge der Durchschnittsberechnung nur teilweise zum Ausdruck kommt. Allerdings kann das zum Ertragswert veranlagte Bergwerk bei einem vor dem Jahre 1930 erfolgenden Verkauf gemäß § 18 Abs. 2 RNO. neu veranlagt werden. Ferner ist bei einem Verkauf die Differenz zwischen dem Verkaufspreis und dem Wert, mit dem das Bergwerk zum Reichsnotopfer veranlagt ist, nach § 35 EinkStG. körperschaftssteuerpflichtig (vgl. unten S. 44).

Gemäß § 152 Abs. 6 RAO. kann der Steuerpflichtige stets verlangen, daß die Bewertung von Grundstücken und ihnen gleichstehenden Berechtigungen zum gemeinen Wert statt zum Ertragswert erfolgt. Dieses Recht erlischt jedoch, wenn es nicht spätestens bis zum Ablauf der mit der Zustellung des Steuerbescheides eröffneten Rechtsmittelfrist geltend gemacht wird. Bei der Ermittelung des gemeinen Werts ist nur das Grundstück bzw. die Berechtigung nebst den darauf errichteten Bauten zu berücksichtigen. Alles bewegliche Inventar, alle Maschinen und alle sonstigen zum Zweck des Betriebes auf dem Grundstück angebrachten Vorrichtungen, wie z. B. Gleisanlagen, Hängebahnen und dergleichen, sind selbst dann außer Betracht zu lassen, wenn es sich um wesentliche Bestandteile des Grundstückes handelt (§ 154 RAO.). Sie sind gesondert, und zwar gemäß § 139 Abs. 2 als dauernd dem Betriebe gewidmete Gegenstände grundsätzlich zum Anschaffungspreise abzüglich Abschreibungen zu bewerten. Dagegen erstreckt sich die für das Grundstück maßgebende Bewertung auf die mit ihm verbundenen Rechte, beispielsweise auf Hilfsbauten des Bergwerkes (§ 60 ABG.).

ε) Solange das Bergwerkseigentum noch nicht verliehen ist, also bloße Finder- oder Muterrechte bestehen, sind für deren Bewertung die Vorschriften der §§ 152ff. RAO. nicht maßgebend, da es sich nicht um Berechtigungen handelt, auf welche die Vorschriften des Bürgerlichen Gesetzbuches über Grundstücke Anwendung finden. Auch als aufschiebend bedingtes Bergwerkseigentum (§ 147 RAO.) sind sie nicht anzusetzen. Vielmehr ist ihre rechtliche Natur die folgende:

Vor der Mutung besteht nach § 24 ABG. ein Finderrecht, falls der Fund auf eigenem Grund und Boden oder im eigenen Grubengebäude oder auf Grund von Schürfarbeiten gemacht worden ist. Das Finderrecht gewährt ein Vorrecht zum Muten und ist vererblich und veräußerlich (Isay, § 24 Anm. 6), erlischt jedoch nach Ablauf von einer Woche nach dem Fund.

Durch die Einlegung der Mutung verwandelt sich das Finderrecht in eine Anwartschaft auf Verleihung und durch die Feldesstreckung in einen Anspruch auf Verleihung. Letzterer ist ein gegen den Staat gerichteter öffentlich-rechtlicher Anspruch und bildet ein vererbliches und veräußerliches Vermögensrecht (Isay, § 22 Anm. 2, 3). Die Anwartschaft auf Verleihung ist einem durch die Feldesstreckung bedingten Anspruch auf Verleihung vergleichbar (Isay, § 15 Anm. 23).

Wenn diese Rechte, was die Regel bilden wird, dauernd dem Betriebe dienen, also den Bergwerksbesitz, den die Gewerkschaft ausbeutet, erweitern sollen, so werden sie zu den Gestehungskosten, d. h. zu den Unkosten der Bohrarbeiten usw. oder dem für den Erwerb der Rechte an Dritte gezahlten Preise bewertet. Müssen sie dagegen zum gemeinen Wert angesetzt werden, so ist bei dessen Berechnung zu beachten, daß sie nach § 15 ABG. nur dann zur Verleihung führen, wenn das Mineral bei der amtlichen Untersuchung in solcher Menge und Beschaffenheit nachgewiesen wird, daß eine zur wirtschaftlichen Verwertung führende bergmännische Gewinnung möglich erscheint (sog. absolute Bauwürdigkeit; Isay, § 15 Anm. 5). Ferner ist erforderlich, daß nicht bessere Rechte auf den Fund entgegenstehen. Diese Unsicherheit vermindert naturgemäß ihren Verkaufswert ganz wesentlich verglichen mit dem Wert eines bereits endgültig erteilten Bergwerkseigentums, genau so, wie eine erst zum Patent angemeldete Erfindung hinter einer bereits patentierten Erfindung an Wert zurücksteht.

ζ) Für die Bewertung von Mitberechtigungen schreibt § 140 RAO. vor, daß der Wert des gemeinschaftlichen Gegenstandes im ganzen zu ermitteln und anteilsmäßig den Beteiligten zuzurechnen ist. Das wird, abgesehen von Konsortialbeteiligungen, vor allem bei Betriebsgemeinschaften praktisch, wie sie öfters zwischen mehreren Gewerkschaften bestehen. Näheres Isay, § 121 Anm. 39.

Bei Kuxen und sonstigen Anteilsrechten ist zwischen dauernden dem Betriebe dienenden Beteiligungen und solchen zu unterscheiden, die lediglich eine Kapitalsanlage darstellen (Effekten). Erstere werden zum Anschaffungswert, letztere zum Kurswert bzw. in Ermangelung eines solchen zu dem vom zuständigen Finanzamt ermittelten Wert eingesetzt. Letzterer Wert ist auch für eigene Kuxe der Gewerkschaft maßgebend. Eingelöste eigene Obligationen der Gewerkschaft dagegen sind überhaupt kein Vermögensrecht mehr, also weder als Aktivum noch als Passivum zu bewerten (OVG. i. St. **17** 193).

3. Die Passivseite.

Von dem nach den geschilderten Grundsätzen bewerteten Aktivvermögen sind gemäß §§ 15, 17 RNO. die dinglichen und persönlichen Schulden, sowie die am Stichtage noch rückständigen Steuern der in § 15 Nr. 5 und 6 genannten Art abzuziehen.

a) Für die Bewertung der Verbindlichkeiten gelten die §§ 143ff. RAO. Danach sind die Schulden grundsätzlich zum

Nennwert anzusetzen, soweit nicht besondere Umstände, beispielsweise die Verpflichtung, eine Anleihe mit Aufgeld zurückzuzahlen, eine Abweichung begründen. Bei unverzinslichen befristeten Schulden ist der Zwischenzins bis zur Fälligkeit abzuziehen (§ 143 Abs. 3).

b) Besondere Schwierigkeiten wird in der Regel die Bewertung der Verbindlichkeiten machen, die aus der Beschädigung des Grundeigentums durch den Bergbau hervorgehen (§§ 148ff. ABG.). Die Höhe des Schadensersatzes ist regelmäßig ein Gegenstand erbitterter Kämpfe. Bei der Bemessung des Vermögensabzuges ist daher nicht einfach die Forderung zugrunde zu legen, die der Kläger stellt, denn diese ist oft weit übersetzt. Ebensowenig ist die Gewerkschaft aber auf den Abzug der Summe zu beschränken, die sie freiwillig anerkannt hat. Vielmehr sind die Aussichten des Klägers, mit seiner Mehrforderung durchzudringen, sorgfältig abzuschätzen, und im Zweifel ist die Forderung eher zu hoch als zu niedrig zu bewerten, denn es geht natürlich nicht an, daß der Bergwerksbesitzer von einem Vermögen die hohe Steuer bezahlt, das ihm möglicherweise in Kürze entzogen wird. Eine Neuveranlagung gemäß §§ 149, 150 RAO. nach rechtskräftiger Entscheidung des Prozesses vorzunehmen, geht nicht an; denn eine Schuld, die vom Richter festgestellt werden muß, ist weder aufschiebend noch auflösend bedingt.

Sehr wesentlich für eine zutreffende Veranlagung ist die Feststellung, wann die Bergschädenforderung entstanden ist. Davon hängt zunächst die Entscheidung der Frage ab, wen die Verbindlichkeit trifft, wenn das Bergwerk in den letzten Jahren den Eigentümer gewechselt hat: es haftet derjenige Eigentümer, während dessen Besitzzeit der Schaden entstanden ist (Isay, § 148 Anm. 18), also nicht ohne weiteres derjenige, dem das Bergwerk am 31. Dezember 1919 gehört. Dagegen ist eine Verpachtung des Bergwerks unerheblich; verantwortlich ist stets der Eigentümer (Isay, § 148 Anm. 16). Ferner wird häufig zweifelhaft sein, ob die Bergschadenforderung bereits am 31. Dezember 1919 überhaupt entstanden war, oder erst nach dem Stichtage zur Entstehung gelangt ist;

nur im ersteren Falle ist sie bei der Veranlagung zu berücksichtigen.

Nach der Rechtsprechung des Reichsgerichts entsteht die Bergschadenforderung nicht erst mit dem Eintritt von Einwirkungen auf das Grundstück (Bodensenkungen, Rissen und dergleichen), sondern bereits in dem Augenblick, in dem die durch den Bergbau dem Grundstück drohende Gefahr für jedermann erkennbar wurde und infolgedessen, z. B. durch den Verlust der Bauplatzeigenschaft, eine Wertminderung des Grundstücks herbeiführte (RG. v. 15. Januar 1902 und 21. Oktober 1916, Z. f. Bergrecht **43** 355, **58** 114). Daß das Grundstück an sich noch völlig intakt ist, schließt die Entstehung des Schadensersatzanspruches also nicht aus.

c) Rentenverbindlichkeiten sind gemäß §§ 144, 145 RAO. zu kapitalisieren, und zwar, wenn ihre Dauer unbestimmt ist, was die Regel sein wird, mit dem 12½fachen des Jahreswertes. Unbestimmt ist ihre Dauer meist auch, wenn die Rente solange zu zahlen ist, wie das Bergwerk betrieben wird (oben S. 10). Als Entstehungsgründe solcher Renten kommen in Betracht: die bergrechtliche Enteignung (§§ 135ff. ABG.), der Bergschaden (§§ 148ff. ABG.), der Freikux (§ 224 ABG.), die Tradde (Isay, § 224 Anm. 13) und die Ausstellung von Genußscheinen (OVG. i. St. **18** 68). Die Nutzungsrenten nach §§ 135ff. ABG. und die Tradde sind jedoch nur dann als Lasten abzugsfähig, wenn sie nicht bereits bei der Berechnung des Ertragswertes des Bergwerkes Berücksichtigung gefunden haben (oben S. 20). Bei Freikux, Tradde und Genußschein ist auch die Höhe der einzelnen Raten schwankend, da sie sich nach dem Ertrage des Bergbaues richtet. Hier ist gemäß § 146 Abs. 2 RAO. als Jahreswert der Betrag zugrunde zu legen, der voraussichtlich für die Zukunft durchschnittlich erzielt wird.

4. Der Abzug des „Grund- oder Stammkapitals" nach § 17 RNO.

Von dem Reinvermögen der Gewerkschaft, das nach Abzug der Verbindlichkeiten übrig bleibt, ist weiter der Betrag des „Grund- und Stammkapitals" abzuziehen (§ 17 Nr. 1 RNO.). Es soll durch diese Vorschrift die Doppelbesteuerung gemildert werden, die darin besteht, daß zunächst das Vermögen der Gewerkschaft versteuert wird, und dann die Kuxe bei den einzelnen Gewerken abermals der Steuer unterliegen (Begr. S. 34). Beabsichtigt ist also, das von den Gewerken eingezahlte Kapital steuerfrei zu lassen und nur die angesammelten Reserven heranzuziehen; diese Absicht wird jedoch auf dem geschilderten indirekten Wege verwirklicht (im Gegensatz zu § 11 Nr. 1 des Wehrbeitragsgesetzes vom 3. Juli 1913), weil offene und stille Reserven gleichmäßig getroffen werden sollen

Ein festes Grundkapital besitzt die Gewerkschaft nicht. Bei vielen Gewerkschaften ist nicht einmal feststellbar, welches von den Gewerken in Gestalt von Zubußen (§ 102 ABG.) eingeschossene Kapital tatsächlich noch im Betriebe arbeitet. Denn die von der Gewerkschaft verteilte Ausbeute kann, anders als die Dividende der Aktiengesellschaft, nicht bloß Reingewinn, sondern auch Kapitalrückzahlungen enthalten, und welche dieser beiden Möglichkeiten im Einzelfalle gegeben ist, läßt sich, wenn die Gewerkschaft keine kaufmännischen Bücher führt, sondern die Ausbeute auf Grund der sogenannten Anschnittrechnung feststellt, selten ermitteln.

Daher setzt § 17 Abs. 2 RNO. nach dem Vorbild des § 15 des Pr. EinkStG. vom 19. Juni 1906 und des § 17 des Kriegssteuergesetzes vom 21. Juni 1916 das Grundkapital der Gewerkschaften dem Erwerbspreis und den Anlage- und Erweiterungskosten gleich, abzüglich des durch Schuldaufnahme gedeckten Aufwands hierfür. Jedoch kann die Gewerkschaft statt dessen, wenn sie ein Kapitalkonto in ihren Bilanzen führt, mit Genehmigung des Finanzamtes, den Betrag des Kapitalkontos als Grundkapital behandeln. Das Finanzamt wird die Genehmigung zu erteilen haben, wenn das Kapitalkonto den Betrag der eingezahlten Zubußen nicht übersteigt.

Falls das Grundkapital nicht dem Kapitalkonto gleichgesetzt wird, entspricht es dem Anlagekapital der Gewerkschaft abzüglich der in den Anlagen investierten fremden Mittel. Hierbei sind sämtliche, dauernd dem Betrieb dienenden Gegenstände, insbesondere die Kuxe von Tochtergewerkschaften und sonstige dauernden Beteiligungen zu berücksichtigen nicht etwa bloß das Bergwerk und sein Zubehör. § 17 RNO. unterscheidet sich insofern von § 15 Pr. EinkStG., als letzterer ausdrücklich von dem Erwerbspreis usw. „des Bergwerks" spricht, während diese Worte in § 17 RNO. ebenso wie in § 17 KrStG. fortgelassen wird. Daher kann das gesamte Anlagekapital der Gewerkschaft berücksichtigt werden, auch soweit es mit dem Bergwerksbetrieb in keinem Zusammenhange steht.

Maßgebend sind nach ständiger Rechtsprechung des OVG. (z. B. E. i. St. 2 11) der tatsächlich gezahlte Erwerbspreis und die tatsächlich aufgewandten Kosten. Mit welchem Wert die fraglichen Anlagen in der Bilanz erscheinen, oder welchen gemeinen Wert sie am 31. Dezember 1919 besaßen, ist gleichgültig. Nur diejenigen Kosten sind auszuscheiden, welche für stillgelegte Bergwerke oder sonstige außer Gebrauch gesetzte Anlagen aufgewandt wurden (E. i. St. 17 237, 238). Ist der tatsächlich verauslagte Betrag nicht mehr nachzuweisen, so sind die mutmaßlichen, eventuell die üblichen Anschaffungskosten schätzungsweise zu ermitteln (E. i. St. 2 11). Das läuft darauf hinaus, daß der Anschaffungswert zugrundegelegt wird, den das Bergwerk und die sonstigen Anlagen zur Zeit des Erwerbs oder der Errichtung besaßen.

Das in dieser Weise festgestellte Anlagekapital gilt nur insoweit als Grundkapital, als es aus eigenen Mitteln der Gewerkschaft stammt. Der „durch Schuldaufnahme gedeckte" Aufwand für Anlagen ist abzusetzen. Das Gesetz stellt mit dieser Vorschrift eine strenggenommen unerfüllbare Anforderung: Es wird sich kaum je feststellen lassen, aus welchen Mitteln eine bestimmte Anlage bezahlt worden ist; denn die Bezahlung erfolgt regelmäßig von dem Bankkonto der Gewerkschaft aus, und auf diesem laufen ihre sämtlichen Einnahmen, z. B. aus Verkäufen von Mineralien, aus eingeforderten Einbußen und aus ausgegebenen Anleihen zusammen. Jene Vorschrift wird daher in der Regel in der Weise ausgeführt werden müssen, daß das Verhältnis der eigenen Mittel der Gewerkschaft zu den ihr zur Verfügung stehenden fremden

Geldern errechnet und alsdann angenommen wird, daß sowohl Anlage- wie Betriebskapital anteilig aus eigenen und fremden Mitteln herrühren. Als fremde Gelder sind auch Darlehen zu betrachten, welche die Gewerken der Gewerkschaft gewährt haben, vorausgesetzt, daß sie in der Vermögensaufstellung als Passiva berücksichtigt worden sind.

5. Wohlfahrtsfonds.

Endlich sind bei der Ermittelung des abgabepflichtigen Vermögens die Rücklagen für ausschließlich gemeinnützige oder Wohlfahrtszwecke abzusetzen, deren Verwendung zu solchen Zwecken als gesichert anzusehen ist (§ 17 Nr. 2 RNO.). Als Sicherung genügt die Bestimmung der Gewerkschaftssatzung, da diese nach § 94 ABG. nur mit Zustimmung des Oberbergamtes geändert werden kann.

6. Der Reingewinn.

Nicht abzuziehen ist der im Jahre 1919 erzielte Reingewinn, da er am 31. Dezember 1919 noch zum Vermögen der Gewerkschaft gehört (Evers bei Marcuse, das neue Reichssteuerrecht S. 93; abw. Friedmann in Heft 3 dieser Abhandlungen S. 9). Friedmann beruft sich für seine Auffassung auf eine Bemerkung der Begründung zum RAO., die er im Hinblick auf § 4 RAO. für maßgebend erachtet. Allein § 4 RAO. verweist auf den Zweck des Gesetzes, nicht auf die Motive des Gesetzgebers. Sachlich würde Friedmanns Ansicht bei Gewerkschaften zu einer Bevorzugung der buchführenden Gewerkschaften führen, da nur diese überhaupt in der Lage sind, einen Reingewinn zu errechnen.

So wenig der noch nicht ausgeschüttete Gewinn abzugsfähig ist, so wenig brauchen umgekehrt die nach der üblichen Anschnittrechnung im Jahre 1919 abschlägig bereits verteilten Ausbeuten dem steuerbaren Vermögen hinzugezählt zu werden Allerdings erwerben die Gewerken einen Anspruch auf die Ausbeute erst, wenn die Gewerkenversammlung die Verteilung von Ausbeute beschließt (Isay, § 103 Anm. 2). Verteilt die Gewerkschaft aber schon vorher freiwillig Ausbeute, so steht ihr kein Anspruch auf deren Rückzahlung zu und zwar auch dann nicht, wenn sich nachträglich herausstellt, daß mehr verteilt worden ist, als verdient wurde. In diesem Falle ist die mehr ausgeschüttete Ausbeute vom Kapitalkonto abzuschreiben, und wenn sich infolge der übermäßigen Ausschüttungen Geldmangel bei der Gewerkschaft herausstellt, so muß sie eine Zubuße beschließen.

III. Der Steuersatz.

Von dem in dieser Weise ermittelten abgabepflichtigen Vermögen wird gemäß § 25 RNO. ein Steuersatz von 10% erhoben. Eine Staffelung nach der Höhe des Vermögens, wie sie in § 24 für natürliche Personen vorgesehen ist, findet nicht statt.

IV. Die Tilgung der Steuerschuld.

Für die Tilgung der Abgabe sind folgende Möglichkeiten vorgesehen:

1. Grundsätzlich erfolgt sie durch eine Tilgungsrente von 6½%. Andererseits ist der noch außenstehende Betrag der Abgabe mit 5% seit dem 1. Januar 1920 zu verzinsen. Hiernach vollzieht sich die Tilgung in 27 bis 28 Jahren (§§ 30, 31).
2. Für denjenigen Teil der Abgabe, der auf den Grundbesitz der Gewerkschaft einschließlich des Bergwerkseigentums entfällt, kann auf Antrag eine Tilgungsrente in Höhe von 5½% der Abgabe als öffentliche Last (Reichsnotzins) ins Grundbuch eingetragen werden (§ 33). Die Tilgung währt je nach jährlicher, halbjährlicher oder vierteljährlicher Zahlung des Zinses 41—45 Jahre.
3. Statt durch die Renten kann die Gewerkschaft die Abgabe auf einmal oder in größeren Teilbeträgen zahlen und zwar schon vor der Veranlagung (§§ 34, 41): Zahlungen bis zum 31. Dezember 1919 genießen gemäß § 41 besondere Vorteile.
4. Ferner können bis zum 31. Dezember 1920 Kriegsanleihen und sonstige Schuldverschreibungen des Reiches

zu günstigen Bedingungen an Zahlungsstatt hingegeben werden (§ 43).

5. Endlich ist auch die Hingabe sonstiger Vermögenswerte an Zahlungsstatt durch Vermittelung einer zu errichtenden Anstalt vorgesehen (§§ 45ff.).

Im Falle der Liquidation oder des Konkurses der Gewerkschaft wird die Tilgungsrente (nicht dagegen der Reichsnotzins) sofort fällig, falls die Gewerkschaft nicht für den rückständigen Betrag Sicherheit leistet (§ 39). Im Falle des Konkurses genießen die für frühere Jahre und für das laufende Jahr zu zahlenden Raten der Tilgungsrente ein Vorrecht vor anderen Forderungen, nicht dagegen der Rest der Abgabe (§ 40).

V. Die Bilanzierung der Notopferschuld.

Die Verpflichtung zur Zahlung der Abgabe ist mit dem Inkrafttreten des Gesetzes, dem 14. Januar 1920, entstanden und somit in alle Bilanzen als Verbindlichkeit aufzunehmen, die für einen nach diesem Zeitpunkt liegenden Stichtag aufgestellt werden (Flechtheim, Zeitgem. Steuerfr. 1 S. 67). Die Abgabeschuld ist in voller Höhe in die Passiva einzustellen, auch wenn sie in Gestalt der Tilgungsrente beglichen wird. Die Schuld ist eine gestundete Kapitalschuld, nicht eine Rentenschuld. Die Einstellung des RNO. in die Bilanz kann daher zunächst zu einem Verlustsaldo führen. Die Verteilung von Ausbeuten wird dadurch nicht gehindert, da diese auch möglich ist, wenn die Gewerkschaft ohne Gewinn gearbeitet hat, vorausgesetzt nur, daß sie in der Lage ist, die dazu erforderlichen Mittel flüssig zu machen.

Wie die Zahlung des RNO. die Einkommensteuer der Gewerkschaft beeinflußt, darüber siehe unten S. 48.

B. Einkommensbesteuerung.

I. Der Steuerpflichtige.

1. Berggewerkschaften.

Das Einkommen „aller Berggewerkschaften“, also auch derjenigen alten Rechts, unterliegt nach § 1 Nr. 1 KörpStG. der Körperschaftssteuer. Über den Begriff der Berggewerkschaft vgl. oben S. 6.

Die Steuerpflicht beginnt mit der Entstehung der Gewerkschaft und endet mit der Beendigung der Liquidation. Näheres siehe oben S. 6.

2. Bohrgesellschaften.

Auch die Bohrgesellschaften (oben S. 8) unterliegen der Körperschaftssteuer, während sie vom Reichsnotopfer frei sind.

§ 1 Nr. 2 KörpStG. erstreckt die Steuerpflicht auf „nicht rechtsfähige Personenvereinigungen . . . ., soweit ihr Einkommen nicht unmittelbar nach diesem Gesetz, oder nach dem Einkommensteuergesetz bei einem anderen Steuerpflichtigen steuerbar ist“. Während also § 1 Nr. 6 RNO. darauf abstellt, ob das „Vermögen“ des Vereins einem anderen Abgabepflichtigen anzurechnen ist, hängt die Frage der Körperschaftsbesteuerung davon ab, ob das „Einkommen“ der Vereinigung „unmittelbar“ bei einer anderen Person steuerbar ist, ihr Einkommen also ohne weiteres als Einkommen der letzteren gilt.

Der Unterschied zwischen beiden Vorschriften liegt auf der Hand. Wenn eine Personenvereinigung, die Erwerbsinteressen ihrer Mitglieder dient, ihre Gewinne an sie verteilt (soweit sie sie nicht für späteren Bedarf reserviert), und im Falle der Auflösung den Liquidationserlös an sie ausschüttet, so ist ihr Vermögen selbstverständlich, namentlich auch nach § 80 Abs. 2 RAO., anteilig den Mitgliedern anzurechnen. Dagegen ist damit keineswegs die Frage geklärt, ob das gesamte Einkommen der Vereinigung oder aber nur die ausgeschütteten Gewinne „unmittelbar" bei den Gesellschaftern steuerbar sind, denn § 80 RAO. gilt nur für Vermögenssteuern (vgl. Begr. S. 112 zu § 140 des Entwurfs der RAO., welcher dem endgültigen § 80 entspricht).

Die Frage entscheidet sich danach, ob die Bohrgesellschaft von § 7 Nr. 3 EinkStG. getroffen wird oder nicht. § 7 Nr. 3 bestimmt für die offene Handelsgesellschaft, die Kommanditgesellschaft und diejenigen sonstigen Erwerbsgesellschaften, bei denen die Gesellschafter „als Unternehmer (Mitunternehmer) des Betriebs" anzusehen sind, daß der Geschäftsgewinn der Gesellschaft anteilig als Einkommen der Gesellschafter aus Gewerbebetrieb gilt. Das Einkommen der unter § 7 Nr. 3 fallenden Erwerbsgesellschaften ist also „unmittelbar" bei den Gesellschaftern zu versteuern.

Das von § 7 Nr. 3 EinkStG. verwendete Kennzeichen, ob der Gesellschafter als Unternehmer (Mitunternehmer) des Betriebs anzusehen ist oder nicht, geht auf den im Handelsrecht seit jeher gebräuchlichen Gegensatz von Personal- und Kapitalgesellschaften zurück. Bekanntlich gelten als Hauptvertreter der ersteren Gruppe die offene Handelsgesellschaft und die Kommanditgesellschaft, die auch § 7 Nr. 3 Eink. StG. in erster Reihe nennt. Allein gleichwohl ist eine Richtschnur für die Anwendung des § 7 Nr. 3 aus jener gebräuchlichen Unterscheidung nicht zu gewinnen, denn gerade diejenigen Arten von Gesellschaften, bei denen die Anwendung des § 7 Nr. 3 EinkStG. zweifelhaft wird, wie beispielsweise Konsortien und sonstige Gesellschaften des bürgerlichen Rechts sowie nicht rechtsfähige Vereine, rechnen nach der üblichen Auffassung zu den Personalgesellschaften.

Die übliche Definition der Personalgesellschaften legt nebeneinander Gewicht auf drei Merkmale, nämlich auf die persönliche Haftung der Gesellschafter, auf die grundsätzliche Selbständigkeit jedes Gesellschafters in der Geschäftsführung und die gleichfalls grundsätzliche Unübertragbarkeit der Mitgliedschaft (vgl. z. B. Flechtheim bei Düringer-Hachenburg IV S. 349).

Von diesen drei Merkmalen ist indessen das erste, die persönliche Haftung der Gesellschafter, bei allen nicht rechtsfähigen Personenvereinigungen gegeben. Sie müßten also Personalgesellschaften sein. Andererseits folgt aus § 12 KörpStG., daß es nach der Auffassung des Steuerrechts auch nicht rechtsfähige Kapitalgesellschaften gibt. Auch wurden bei der Vorberatung des Gesetzes ausdrücklich die Voraussetzungen besprochen, unter denen Konsortien, also Gesellschaften des bürgerlichen Rechts, der Körperschaftssteuer unterliegen (vgl. Bericht des 10. Ausschusses, Drucks. d. Nationalvers. Nr. 2344, S. 4).

Aber auch sachlich hat die Frage nach der persönlichen Haftung der Gesellschafter mit der Unterscheidung zwischen Personal- und Kapitalgesellschaften nichts zu tun. Die Unternehmung, deren Betrieb jede Erwerbsgesellschaft bezweckt, ist eine Vereinigung der drei Wirtschaftsfaktoren Kapital, Arbeit und Boden unter der Leitung einer beherrschenden Persönlichkeit, des Unternehmers. Der Unternehmer kann gleichzeitig Kapitalist sein, also das für die Unternehmung nötige Sachkapital zur Verfügung stellen, braucht es aber nicht (vgl. Schumacher, Schmollers Jahrbuch 1919 S. 405ff.). Üben die Gesellschafter, die das Kapital aufbringen, auch eine Unternehmerfunktion aus, so liegt eine Personalgesellschaft vor; sind Unternehmerfunktion und kapitalistische Beteiligung von einander getrennt, so ist eine Kapitalgesellschaft gegeben.

Der juristische Normaltyp des ersten Falles ist die offene Handelsgesellschaft, welche auf dem Grundgedanken beruht, daß jeder Gesellschafter mit einer Einlage beteiligt und gleichzeitig Geschäftsführer ist. Der Normaltyp des zweiten Falles ist die Aktiengesellschaft, bei der die Leitung dem Vorstand unter Kontrolle des Aufsichtsrats zusteht, die das Kapital beisteuernden Aktionäre dagegen nur durch ihre Abstimmung in jährlichen Generalversammlungen auf die Geschäftsführung des Unternehmens einen sehr begrenzten Einfluß ausüben. Es liegt auf der Hand, daß es für diesen Gegensatz ziemlich gleichgültig ist, ob die Gesellschafter das für die Unternehmung nötige Kapital unmittelbar durch Hergabe einer im voraus feststehenden Menge von Geld oder Sachgütern oder mittelbar dadurch beschaffen, daß sie ihren persönlichen Kredit zur Verfügung stellen. Beide Formen der Kapitalbeschaffung sind mit beiden Gesellschaftstypen vereinbar. Mit dem persönlichen Kredit der Gesellschafter arbeiten die Genossenschaften mit unbeschränkter Haftpflicht, obwohl sie zu den Kapitalgesellschaften gehören. Andererseits stellt der Kommanditist nur eine begrenzte Einlage zur Verfügung und gleichwohl ist die Kommanditgesellschaft als Personalgesellschaft anzusehen.

Kennzeichnend für die Unterscheidung von Personal- und Kapitalgesellschaften im steuerrechtlichen, aber auch im allgemeinen gesellschaftsrechtlichen Sinne ist somit nicht die Art der Haftung der Gesellschafter, sondern die Frage, ob die Gesellschafter, welche das Kapital beisteuern, auch gleichzeitig eine Unternehmerfunktion ausüben, also als einzelne einen Einfluß auf die Geschäftsleitung besitzen, oder ob sie lediglich als Geldgeber auftreten und sich daher im wesentlichen auf die Auswahl der Geschäftsleiter und die Rechenschaftsabnahme beschränken. Im letzteren Falle ist die Mitgliedschaft in der Regel frei übertragbar, da die Person dessen, der nur Kapital einbringt, den übrigen Gesellschaftern meist gleichgültig sein wird.

Hiernach beruht die Einkommensbesteuerung der Erwerbsgesellschaften auf folgendem Prinzip: Kapitalgesellschaften sind mit ihrem ganzen Einkommen körperschaftssteuerpflichtig, dagegen ist von den einzelnen Gesellschaftern nur derjenige Teil des Gewinns als Einkommen zu versteuern, der ausgeschüttet wird. Personalgesellschaften andererseits sind von der Körperschaftssteuer frei, dagegen unterliegt ihr gesamter Geschäftsgewinn, gleichviel ob er verteilt oder reserviert wird, anteilig den hohen Sätzen der Einkommensteuer bei den einzelnen Gesellschaftern. Als Kapitalgesellschaften gelten alle juristischen Personen (§ 1 Nr. 1 KörpStG.). Als Personalgesellschaften gelten stets die offene Handelsgesellschaft und die Kommanditgesellschaft (§ 1 Nr. 2 KörpStG., § 7 Nr. 3 EinkStG.). Bei den übrigen nichtrechtsfähigen Erwerbsgesellschaften richtet sich die Frage, ob sie als Kapital- oder Personalgesellschaften anzusehen sind und daher der Körperschaftssteuer unterliegen oder nicht, nach ihrem Aufbau im Einzelfalle. Entscheidend ist dabei, ob die Gesellschafter, welche das Kapital in irgend einer Form beisteuern, als solche — also nicht etwa kraft Dienstvertrags oder eines sonstigen Rechtsverhältnisses — die Leitung der Unternehmung besitzen oder nicht.

Erkennt man vorstehende Darlegungen als richtig an, so unterliegt die Bohrgesellschaft zweifellos der Körperschaftssteuer. Ihr Aufbau ist, wie oben dargelegt, der Gewerkschaft möglichst angenähert, also durchaus kapitalistisch gestaltet. Der Einfluß der Mitglieder auf die Geschäftsführung der Bohrgesellschaft beschränkt sich auf das Stimmrecht in der Gesellschafterversammlung. Die Leitung der Unternehmung ist von der Mitgliedschaft rechtlich völlig getrennt und einem gewählten Vorstand übertragen. Der Bohranteil, also die Mitgliedschaft, ist frei veräußerlich.

Praktisch folgt hieraus für die Bilanzpolitik der Bohrgesellschaften, daß sie bestrebt sein werden, von den erzielten Gewinnen möglichst viel für künftige Wechselfälle zurückzustellen. Denn der reservierte Gewinn unterliegt nur der zehnprozentigen Körperschaftssteuer. Den verteilten Gewinn dagegen trifft außer diesem Steuersatz der sich aus § 12 Nr. 2 KörpStG. ergebende Zuschlag und ferner die staffelförmig ansteigende Einkommensteuer der einzelnen Gesellschafter.

Aus dem gleichen Grunde werden unter dem geltenden Steuerrecht diejenigen Bohrgesellschaften, die ihre Gewinne möglichst restlos ausschütten wollen, die schon früher (Isay II, S. 261, 279) empfohlene Umwandlung in eine Kommanditgesellschaft vornehmen, da sie dadurch in der Regel die Doppelbesteuerung auf Grund des Körperschaftssteuergesetzes vermeiden. Diejenigen Gesellschaften dagegen, die eine Thesaurierungspolitik zu treiben wünschen, werden die Rechtsform der Bohrgesellschaft bei weitem vorziehen, da die reservierten Gewinne bei dieser nur mit 10% zu versteuern sind.

Im einzelnen gelten für die Körperschaftssteuer der Bohrgesellschaften fast ausnahmslos die gleichen Grundsätze wie für die Körperschaftssteuer der Gewerkschaften. Ein wesentlicher Unterschied zeigt sich fast nur bei der Berechnung des für den Zuschlag nach §§ 12 Nr. 2, 16 KörpStG. maßgebenden „Grundkapitals“. Im folgenden ist daher zur Vereinfachung der Darstellung nur von der Gewerkschaft die Rede, alles Gesagte gilt aber, soweit nicht das Gegenteil ausdrücklich hervorgehoben ist, auch für die Bohrgesellschaft.

II. Das steuerbare Einkommen.

Steuerbares Einkommen der Gewerkschaft ist nach § 3 KörpStG. der Gesamtbetrag ihrer in Geld oder Geldeswert bestehenden Einkünfte. Hinsichtlich der Arten der steuerpflichtigen Einkünfte und ihrer Ermittelung verweist das KörpStG. auf das EinkStG. (§§ 5, 9 KörpStG., §§ 5—15, 31—38 EinkStG.). Nur ergänzt das KörpStG. die Vorschriften des EinkStG. in einigen Punkten (§§ 6—8 KörpStG.).

1. Einkünfte und Quellentheorie.

Das EinkStG., dessen Regeln hiernach in weitem Umfange Anwendung finden, hat im bewußten Gegensatz zum früheren Recht die sog. Quellentheorie aufgegeben. Es unterwirft nicht bloß die aus bestimmten Quellen fließenden, sondern alle Einkünfte der Steuer, soweit es sie nicht ausdrücklich für steuerfrei erklärt, und zwar gleichviel, ob es sich um einmalige oder wiederkehrende Einkünfte handelt und aus welchem rechtlichen oder tatsächlichen Grunde sie dem Steuerpflichtigen zugeflossen sind (§ 5). Die Unterscheidung zwischen Einkommen und Kapitalvermehrung, die das frühere Recht beherrschte, ist somit im wesentlichen gegenstandslos geworden. Wenn dies bei Gewerkschaften nicht in dem Maße wie bei natürlichen Personen praktisch in die Erscheinung tritt, so liegt dies daran, daß sie meistenteils kaufmännische Bücher führen und daher auch früher schon nach kaufmännischer Auffassung alle Vermögensvermehrungen, die nicht auf Zubußen der Gewerken beruhen, als Bilanzgewinn ansahen.

Jedoch behält die Unterscheidung der verschiedenen Einkommensquellen ihre Bedeutung für die Ermittelung des Einkommens. Das EinkStG. unterscheidet fünf Gruppen von Einkünften, nämlich solche aus Grundbesitz, aus Gewerbebetrieb, aus Kapitalvermögen, aus Arbeit sowie endlich „sonstige“ Einnahmen (§ 5). Für jede dieser Gruppen gelten besondere Vorschriften.

2. Einkommen aus Gewerbebetrieb.

Für die Gewerkschaft haben die Einkünfte aus Gewerbebetrieb überragende Bedeutung. Denn zu ihnen gehören nach § 7 Nr. 1 EinkStG. die Einnahmen aus gewerblichen oder bergbaulichen Unternehmungen einschließlich der dazu benutzten Gebäude und des darin arbeitenden Kapitals (§§ 8 Abs. 3, 31 Abs. 2 Satz 2 Eink StG.). Zudem greift auch hier die bereits früher erwähnte Vermutung ein, wonach sämtliche Unternehmungen der Gewerkschaft ein einheitliches Ganzes bilden und dem Bergwerksbetriebe dienen (OVG., Zeitschr. f. Bergr. **52** 268). Selbst ein landwirtschaftlicher Betrieb auf eigenen Grundstücken der Gewerkschaft gehört nach jener Entscheidung nur dann nicht zum Bergbaubetriebe, wenn es sich dabei nachweislich um einen von dem sonstigen Gesamtbetriebe abgesonderten, selbständigen nicht gewerblichen. Erwerbszweig handelt. Diese Voraussetzungen würden z. B. nicht gegeben sein, wenn die Gewerkschaft Grundstücke, die sie erworben hat, um darauf später irgendwelche Anlagen zu errichten oder Tagebau zu treiben, einstweilen, bis sie sie braucht, verpachtet oder selber landwirtschaftlich nutzt. Die Pachteinnahmen oder Nutzungen sind somit Einkünfte aus Gewerbebetrieb. Das gleiche gilt beispielsweise von Mieteinnahmen aus Beamten- und Arbeiterwohnhäussrn.

3. Einkünfte in Fällen nicht eigenen Betriebs.

Hiernach kommen Einkünfte anderer Art als aus Gewerbebetrieb praktisch fast nur dann in Betracht, wenn eine Gewerkschaft nicht selbst Bergbau treibt. Das ist der Fall, wenn sie ihr Bergwerk an eine andere Gesellschaft oder Gewerkschaft verpachtet hat oder wenn mehrere Gewerkschaften, um einen gemeinschaftlichen Betrieb ihrer sämtlichen Bergwerke zu ermöglichen, gemeinsam eine Bergwerksgesellschaft m. b. H. errichtet haben. Dagegen ist die Gewerkschaft dann selber als Bergbautreibende anzusehen, wenn zum Zwecke der Betriebsgemeinschaft nicht eine G. m. b. H. oder sonstige juristische Persönlichkeit, sondern eine Gesellschaft des bürgerlichen Rechts errichtet ist (§ 7 Nr. 3 EinkStG.; vgl. OVG. in St. 15 283).

In den Fällen der Verpachtung des Bergwerks besteht das Einkommen der Gewerkschaft im wesentlichen aus dem Pachtzins, also in Einkünften aus Grundbesitz (§ 6 Nr. 1). Hiervon gehen die auf dem Bergwerk ruhenden und den Verpächter treffenden Lasten, nämlich der Freikux und etwaige Renten für Beschädigungen von Grundbesitz ab (§ 31 Abs. 1 EinkStG.; vgl. oben S. 21), sowie ferner die Werbungskosten (§ 13 Nr. 1), namentlich Abschreibungen wegen Substanzverringerung und Wertminderung der Anlagen. Ist eine G. m. b. H. errichtet, so zahlt diese in der Regel keine Pacht, sodaß als Einnahmen der Gewerkschaft nur die von der G. G. m. b. H. verteilten Dividenden, also Kapitaleinkünfte (§ 8 Nr. 1 EinkStG.) in Betracht kommen. Diese bleiben jedoch meist nach § 6 Nr. 6 KörpStG. steuerfrei, falls nämlich die Gewerkschaft mindestens zu einem Fünftel an der G. m. b. H. beteiligt ist. Lasten und Abschreibungen sind auch hier abzusetzen.

Davon abgesehen kann eine nicht selbst als Unternehmerin tätige Gewerkschaft natürlich noch Einnahmen aus verpachteten Ländereien, aus Kapitalanlagen und aus sonstigen Gründen, beispielsweise aus einzelnen Veräußerungsgeschäften (§ 11 Nr. 5), insbesondere durch Verkauf von Bergwerken oder Grundstücken, erzielen. Näheres über letztere siehe unten S. 42. Ausbeuten, die auf Kuxe von Tochtergewerkschaften verteilt werden, sind insoweit nicht als Kapitaleinkommen anzusehen, als sie keine „Gewinne“ (§ 8 Nr. 1 EinkStG.), keine „Erträge“ (§ 8 Abs. 2), sondern Kapitalsrückzahlungen darstellen (vergl. unten S. 61). Im übrigen unterscheidet sich die Steuerpflicht der Gewerkschaft nicht von der anderer natürlicher oder juristischer Personen.

4. Bedeutung der Buchführung.

Nach dem Gesagten bedarf lediglich das Einkommen derjenigen Gewerkschaften, die selber Bergbau betreiben, einer näheren Besprechung. Bei diesen kommt nach § 33 Abs. 1 Satz 1 EinkStG. als steuerbares Einkommen im wesentlichen der Geschäftsgewinn in Ansatz. Jedoch unterscheidet sich dessen Berechnung nicht unerheblich danach, ob die Gewerkschaft Handelsbücher nach den Vorschriften des HGB. führt oder nicht (§ 33 EinkStG.). Und zwar kommt es nur darauf an, ob sie tatsächlich Bücher führt. Ob sie dazu verpflichtet ist oder ohne solche Verpflichtung eine kaufmännische Buchführung eingerichtet hat, ist gleichgültig (vgl. OVG. i. St. **14** 271, 289).

III. Gewerkschaften ohne kaufmännische Buchführung.

1. Betriebseinnahmen und -ausgaben.

Den ersten Posten bei der Einkommenermittelung bildet der Unterschied der Betriebseinnahmen und -ausgaben.

Als Einnahmen und Ausgaben rechnen nicht bloß Barzahlungen, vielmehr gilt nach §§ 36, 38 Eink StG. eine ausstehende sichere Forderung als Einnahme, eine bestehende Verbindlichkeit als Ausgabe. Von den Einnahmen sind infolgedessen alle Zahlungen abzusetzen, die auf Forderungen früherer Jahre eingehen, soweit diese Forderungen nicht etwa schon als uneinbringlich angesehen worden waren, und es sind alle im Laufe des Jahres entstandenen sicheren Außenstände zu den Einnahmen hinzuzurechnen. Den Ausgaben sind alle im Laufe des Jahres gemachten Schulden sowie ferner solche aus dem Vorjahre stammenden Forderungen hinzuzuzählen, die im Laufe des Jahres uneinbringlich geworden sind; abzuzählen sind Zahlungen auf Schulden des Vorjahres.

Nicht zu berücksichtigen sind Einnahmen aus der Veräußerung unbeweglichen Anlagekapitals (hierüber siehe unten Nr. 3) und Ausgaben, die seiner Vermehrung oder Verbesserung dienen, vor allem also Kosten für neue Bohrungen Schachtbauten, Gebäudeanlagen und dergl. (§ 15 EinkStG.). Das gleiche gilt für Ausbeuten von Tochtergewerkschaften, für Dividenden für Tochtergewerkschaften, vorausgesetzt, daß deren Kuxe oder Anteile seit Beginn des Geschäftsjahres mindestens zu einem Fünftel der Gewerkschaft gehören (§ 6 Nr. 8 KörpStG.).

Ferner sind weder die im Laufe des Jahres von den Gewerken gezahlten Zubußen, noch auch die abschläglich verteilten Ausbeuten zu berücksichtigen, da es sich nicht um Betriebseinnahmen oder -ausgaben handelt (vgl. auch § 6 Nr. 9 KörpStG.).

Endlich bleibt die gezahlte Körperschaftssteuer außer Betracht (§ 8 Nr. 2 KörpStG.).

2. Verschiebungen in Menge und Wert der Bestände und des beweglichen Anlagekapitals.

Den zweiten Posten der Rechnung bildet der Wertunterschied zwischen dem bei Jahresbeginn und Jahresabschluß vorhandenen Bestande an Erzeugnissen, Waren und Vorräten, sowie ferner eine im Laufe des Jahres entstandene Verschiebung im Werte des beweglichen Anlagekapitals. Das unbewegliche Anlagekapital bleibt an sich außer Ansatz; bei ihm eingetretene Wertminderungen werden, soweit sie nicht durch Veräußerungsgeschäfte (unten Nr. 3) entstanden sind, nach Maßgabe des § 13 EinkStG. als Werbungskosten berücksichtigt (vgl. unten S. 42, 46); Wertvermehrungen andererseit sowie die dazu gemachten Aufwendungen bleiben außer Ansatz (§ 15 EinkStG.).

Wertunterschiede in den Vorräten und im beweglichen Anlagekapital können einerseits darauf beruhen, daß ihre Menge sich vermehrt oder vermindert hat, andererseits darauf, daß ihr Wert gestiegen oder gesunken ist. Grundsätzlich ist bei desssen Berechnung nach § 33 Abs. 1 Satz 4, § 32 Abs. 2 Satz 1 der gemeine Wert zugrunde zu legen. Jedoch ist die Gewerkschaft nach § 32 Abs. 2 Satz 2 befugt, einen etwaigen niedrigeren Anschaffungs- oder Herstellungspreis einzusetzen. Nur muß sie diesen dann auch für die Einkommenberechnung des nächsten Jahres als Ausgangswert zugrunde legen.

Für die Feststellung des gemeinen Wertes der Vorräte und des beweglichen Anlagekapitals gelten die oben (S. 16ff.) besprochenen Vorschriften der RAO. Es ist also davon auszugehen, daß das Unternehmen als Ganzes veräußert und fortgeführt werden soll. Ferner sind ungewöhnliche oder lediglich persönliche Verhältnisse außer acht zu lassen. Nur schrumpft aus den oben (S. 16) dargelegten Gründen die Bedeutung der ungewöhnlichen Umstände bei der alljährlich zu veranlagenden Körperschaftssteuer sehr zusammen.

Die Ermittelung des Anschaffungspreises der Vorräte und des beweglichen Anlagekapitals ist in der Regel einfach. Von dem Ausgangswert der zum Anlagekapital gehörigen Gegenstände sind die in früheren Jahren vorgenommenen Abschreibungen in Abzug zu bringen, obwohl das Gesetz dies nicht klar sagt. Andernfalls würde, wenn eine alte Maschine im Laufe des Jahres ausrangiert wird, ihr ganzer Anschaffungspreis das Erträgnis dieses einen Jahres verringern. Entsprechend ist um die für das laufende Jahr nötigen Abschreibungen der Endwert der Anlagen zu mindern. Natürlich dürfen diese Abschreibungen nicht daneben noch einmal unter den Werbungskosten (§ 13 Nr. 1 EinkStG.) erscheinen.

Schwieriger ist die Ermittelung des Herstellungspreises, namentlich der Vorräte an geförderten Mineralien. Grundsätzlich wird man sagen müssen, daß dieser sich aus dem in ihnen verkörperten Substanzwert (entsprechend den Abschreibungen für Substanzverminderung), den Förderlöhnen und Aufbereitungskosten sowie etwaigen sonstigen Spezialunkosten zusammensetzt. Dazu kommt ein Anteil an den Generalunkosten (vor allem den Abschreibungen auf die Schachtanlagen und den Gehältern des zur Leitung des Betriebes nötigen technischen Personals). Inwieweit sich diese Rechnungsfaktoren bei Gewerkschaften ohne kaufmännische Buchführung werden feststellen lassen, kann allerdings sehr fraglich sein.

3. Wertveränderungen beim unbeweglichen Vermögen, insbes. durch einzelne Veräußerungsgeschäfte.

Etwas verwickelt sind die Grundsätze, nach denen bei Gewerkschaften ohne kaufmännische Buchführung die Wertveränderungen im Bestande ihres unbeweglichen Vermögens zu behandeln sind.

a) Wertvermehrungen bleiben außer Ansatz, und zwar nicht nur, wenn sie durch Konjunkturänderungen, sondern auch wenn sie durch Aufwendungen eintreten, welche die Gewerkschaft für Bohrungen, Schachtbauten, Ankauf oder Enteignung von Grundstücken, Errichtung von Werksgebäuden und dergleichen gemacht hat. Jedoch müssen auch die hierfür aufgewandten Ausgaben bei der Vergleichung der Betriebseinnahmen und -ausgaben ausgeschieden werden (§ 15 Nr. 1 EinkStG.).

b) Bei Wertverminderungen ist zwischen solchen zu unterscheiden, die durch Veräußerung von Bergwerken oder Grundstücken herbeigeführt werden und solchen, die auf anderen Ursachen beruhen.

Die letztgenannten Wertveränderungen werden in Gestalt von Abschreibungen insoweit berücksichtigt, als sie sich als Werbungskosten darstellen (unten Nr. 4a).

Dagegen fehlen Vorschriften über die Behandlung von Veräußerungen einzelner unbeweglicher Gegenstände soweit sie in den Rahmen eines Gewerbebetriebes fallen. Nach dem strengen Wortlaut des Gesetzes müßte der dafür erzielte Kaufpreis, soweit nicht die Ausnahmevorschrift des § 12 Nr. 13 EinkStG. eingreift, als Betriebseinnahme in Ansatz gebracht werden, während eine Berücksichtigung der durch die Hingabe des Kaufgegenstandes entstehenden Vermögensminderung überhaupt nicht vorgesehen ist.

Dies Ergebnis ist indessen unhaltbar. Es würde dazu führen, daß ein ungeheures Einkommen versteuert werden müßte, während vielleicht — bei Veräußerung unter dem Einstandspreis — sogar ein Verlust entstanden ist. Daher sind auf Veräußerungen unbeweglicher Gegenstände, auch wenn sie im Rahmen eines Gewerbebetriebes (ohne kaufmännische Buchführung) erfolgen, die Vorschriften über die Gewinne und Verluste aus „einzelnen Veräußerungsgeschäften“ (§ 11 Nr. 5, §13 Nr. 8, § 35 EinkStG.) entsprechend anzuwenden. Hiernach ergibt sich folgendes:

α) Ein Veräußerungsgeschäft liegt vor bei rechtsgeschäftlicher Übertragung des Grund- oder Bergwerkseigentums, d. h.

bei dessen Auflassung. Daß die Auflassung des Bergwerks an mehrere Personen erfolgt, so daß nach § 94 ABG. durch die Auflassung gleichzeitig eine Gewerkschaft, also ein neues Rechtssubjekt ins Leben tritt, steht dem Vorhandensein eines Veräußerungsgeschäfts nicht entgegen (vgl. OVG. **66** S. 44, **73** S. 6, Zeitschr. f. Bergr. **59** 402).

Dagegen sind die Konsolidation (§ 41 ABG.), die Feldesteilung und der Austausch von Feldesteilen (§ 51 ABG.) nicht als Veräußerungsgeschäfte anzusehen. In diesen Fällen liegt kein rechtsgeschäftlicher, abgeleiteter Erwerb von Bergwerkseigentum vor, sondern das Bergwerkseigentum entsteht neu durch die seitens des Oberbergamts erklärte Bestätigung der Konsolidation, der Teilung oder des Austausches. Daher ist die Konsolidation, selbst wenn das konsolidierte Feld in das Eigentum einer neu entstehenden Gewerkschaft fällt, nicht als umsatzsteuerpflichtig angesehen worden (OVG., Zeitschr. f. Bergr. **52** 429, **53** 255). Bei der Feldesteilung kommt noch hinzu, daß das Eigentum an den neuen Teilfeldern stets dem Eigentümer des früheren Feldes zusteht (Isay, § 51 Anm. 7), so daß auch aus diesem Grunde von einer Veräußerung keine Rede sein kann.

β) Als Gewinn oder Verlust aus einem Veräußerungsgeschäft gilt nach § 35 EinkStG. der Unterschied zwischen dem bei dem Veräußerungsgeschäfte erzielten Erlös und dem Anschaffungs- oder Herstellungspreis, bzw. wenn ein Anschaffungs- oder Herstellungspreis nicht zu ermitteln ist, dem gemeinen Wert zur Zeit des Erwerbs.

Als Erlös sind nicht bloß etwaige Bareinnahmen anzusehen, sondern beispielsweise auch die Kuxe der durch die Auflassung neu entstehenden Gewerkschaft, soweit sie dem Veräußerer zufallen.

Ein Herstellungspreis kommt bei Grundstücken und Bergwerkseigentum nicht in Frage; auch wenn letzteres durch ursprüngliche Erwerbsarten (Verleihung, Konsolidation, Feldesteilung) erworben worden ist, kann man nicht sagen, daß die Gewerkschaft das Bergwerkseigentum „hergestellt" habe; vielmehr ist es dadurch entstanden, daß das unterirdische Vorkommen entdeckt worden ist und das Oberbergamt durch den Verleihungs- oder Konsolidationsakt das Eigentum daran ins Leben gerufen hat.

Hiernach ist in den Fällen abgeleiteten Erwerbs der Anschaffungspreis maßgebend und in den Fällen ursprünglichen Erwerbs der gemeine Wert (§ 138 RAO.), den das Bergwerkseigentum zur Zeit des Erwerbs besaß.

Welcher Augenblick als Zeitpunkt des Erwerbs anzusehen ist, kann in den Fällen fraglich sein, in denen die Gewerkschaft zunächst zwei ihr selbst gehörige Bergwerke konsolidiert bzw. ein ihr gehöriges Feld teilt und später das konsolidierte oder ein Teilfeld veräußert. Hier ist zu prüfen, ob als Zeitpunkt des „Erwerbs" die Zeit der Konsolidation oder Feldesteilung oder aber die Zeit des Erwerbs der ursprünglichen Felder anzusehen ist. Die Frage ist in ersterem Sinne zu beantworten. Der Erwerb des veräußerten Feldes vollzieht sich nach der klaren Vorschrift des § 50 Abs. 1 ABG. durch die Konsolidation oder Feldesteilung. Die für das Zuwachssteuergesetz ergangene abweichende Entscheidung des OVG. (E. **73** S. 6, Zeitschr. f. Bergr. **59** 402) beruht auf den positiven Vorschriften jenes Gesetzes (§ 7 Nr. 8, § 17 Abs. 1).

Liegt der Erwerb vor dem 31. Dezember 1919, so gilt als Anschaffungspreis der bei der Veranlagung zum Notopfer angenommene Wert bzw., falls dieser nicht festgestellt wurde, der auf den 31. Dezember 1919 festzustellende gemeine Wert.

Die seit dem Erwerb, bzw. wenn dieser vor dem 31. Dezember 1919 liegt, die seit letzterem Tage zur „Verbesserung" des Bergwerks oder Grundstücks gemachten Aufwendungen sind dem Anschaffungspreise oder bei originärem Erwerb dem an seine Stelle tretenden gemeinen Wert hinzuzurechnen, falls die durch sie begründete Werterhöhung zur Zeit der Veräußerung noch fortbesteht. Hierher gehören vor allem die Schachtbaukosten bei selbstgemuteten Bergwerken, ferner die auf dem Grubengelände errichteten Baulichkeiten und dergleichen. Die Kosten ersoffener Schächte, eingestürzter Strecken usw. dürfen dagegen nicht berücksichtigt werden.

γ) Ist der Verkaufspreis höher als der nach vorstehenden Grundsätzen ermittelte Erwerbspreis, ergibt sich also ein Gewinn, so ist dieser zu den Einkünften aus dem Gewerbebetrieb hinzuzurechnen, ergibt sich ein Verlust, so ist er nach § 13 Nr. 8 EinkStG. abzusetzen.

Sowohl ein Gewinn wie ein Verlust bleiben jedoch nach § 12 Nr. 13, § 13 Nr. 8 EinkStG. außer Betracht, falls das Grundstück oder Bergwerk vor dem 1. August 1914 erworben wurde. Wird es erst nach dem 1. August 1924 verkauft, so bleibt das Geschäft bei der Einkommensermittelung unberücksichtigt, wenn der Erwerb 10 Jahre zurückliegt. Dies gilt nicht, wenn der Erwerb zum Zwecke der Wiederveräußerung gemacht wurde.

δ) Die vorstehend ermittelten Grundsätze, mit Ausnahme der Befreiungsvorschrift des § 12 Nr. 13 EinkStG., gelten auch für Kuxe alten Rechts.

4. Abzugsposten.

Von dem auf die geschilderte Weise errechneten Bruttoeinkommen sind zur Ermittelung des steuerbaren Einkommens folgende Posten abzuziehen:

a) Die Werbungskosten, d. i. nach der Begriffsbestimmung des Gesetzes die zur Erwerbung, Sicherung und Erhaltung der Einkünfte gemachten Aufwendungen (§ 13 Nr. 1 EinkStG.). Natürlich sind diese Aufwendungen nur insoweit abzusetzen, als sie nicht schon bei der Berechnung des Bruttoeinkommens als Betriebsausgaben Berücksichtigung gefunden haben.

Das Gesetz nennt als wichtigste Beispiele folgende Arten von Werbungskosten:

α) Ertragsteuern sowie die als Geschäftsunkosten anzusehenden Versicherungsprämien und öffentlichen Abgaben. Meist werden diese schon unter den Betriebsausgaben (oben Ziffer 1) verrechnet sein.

Zu den abzugsfähigen Steuern gehören beispielsweise die Umsatzsteuer und die Gewerbesteuer. Das gleiche ist im § 7 KörpStG. ausdrücklich von der Grunderwerbssteuer gesagt, die nach §§ 10 Nr. 2, 28 GrunderwerbsstG. erstmalig am 1. Januar 1929 und dann alle 20 Jahre von dem der Gewerkschaft gehörigen Grundbesitz, dem Bergwerkseigentum und etwaigen Abbauberechtigungen erhoben wird. Ebenso ist nach § 7 Nr. 4 KörpStG. die Kriegsabgabe vom Mehrgewinn abzugsfähig. Dagegen darf die Körperschaftssteuer selbst nicht abgezogen werden (§ 8 Nr. 2 KörpStG.).

β) Die „jährlichen den Verhältnissen entsprechenden Abschreibungen für Wertverminderung“ von Gebäuden, Grubenbauten, Anlagen und Inventar, soweit nicht die Kosten für Ersatzbeschaffung als Werbungskosten in Abzug gebracht werden. Hiernach dürfen alle Wertminderungen berücksichtigt werden, die an dem unbeweglichen und beweglichen Inventar der Gewerkschaft im laufenden Jahre eingetreten sind. Die sachlich nicht berechtigten Einschränkungen, die § 8 Nr. I 4 des preuß. EinkStG. machte, sind aufgegeben worden. Es ist also insbesondere nicht erforderlich, daß die Wertminderung auf einer „Abnutzung“ beruht; auch sonstige Ursachen finden Beachtung. Die Abschreibungen sind nicht auf das „tote“ Inventar beschränkt; auch Verluste, die beispielsweise durch Eingehen der im Grubenbetriebe benutzten Pferde entstehen, können abgesetzt werden. Und endlich ist die Beschränkung auf die „regelmäßigen“ Abschreibungen, die die Berücksichtigung außerordentlicher Wertminderungen ausschloß, nunmehr fortgefallen, da ja andererseits auch außerordentliche Einnahmen für steuerpflichtig erklärt werden. Erforderlich ist nur, daß die Abschreibungen „den Verhältnissen entsprechen“, also nicht übermäßig sind.

Zu beachten ist jedoch, daß Abschreibungen auf das bewegliche Anlagevermögen praktisch um deswillen ausscheiden, weil die bei ihm eingetretenen Wertminderungen schon nach § 33 EinkStG. in der Wertdifferenz des bei Beginn und Ende des Jahres vorhandenen beweglichen Anlagevermögens (oben Nr. 2) zum Ausdruck kommen.

Für die Frage, welcher Wert der Anlagegegenstände bei der Berechnung der Abschreibungen zugrundezulegen ist, sind die Vorschriften der RAO. heranzuziehen. Hiernach ist gemäß § 139 RAO., da es sich um Gegenstände handelt, die dauernd dem Betriebe gewidmet sind, von dem Anschaffungs- oder Herstellungspreis auszugehen.

γ) Die Abschreibungen für Substanzverringerung.

Für ihre Berechnung ist ebenfalls die RAO. maßgebend. Als Substanzwert, von dem abgeschrieben wird, gilt entweder nach § 139 Abs. 2 RAO. der Preis, der für die Gerechtsame gezahlt worden ist, oder falls ein Anschaffungspreis sich nicht ermitteln läßt, der nach § 152 RAO. zu berechnende „wirkliche Wert", d. h. der Veräußerungswert oder bei ausgebauten Bergwerken der Ertragswert (oben S. 19). Von diesem Wert ist soviel abzuschreiben, als dem Verhältnis der im laufenden Jahre geförderten Mineralien zu der vorhandenen Gesamtsubstanz entspricht (Begr. zum KörpStG. S. 26). Die vielbekämpfte Berechnung der Abschreibungen nach der vom OVG. aufgestellten Rentenformel (vgl. E. i. St. **14** S. 263ff.) ist damit hinfällig geworden.

Diese Abschreibungen dürfen nur auf eigene Bergwerke vorgenommen werden. Bei gepachteten Bergwerken oder solchen einer Tochtergewerkschaft sind sie unzulässig, vielmehr ist der Substanzverlust bei der Einkommensermittelung des Verpächters bzw. der Tochtergewerkschaft zu berücksichtigen.

b) Ferner ordnet § 13 Nr. 2 EinkStG. den Abzug der gezahlten Schuldzinsen und der auf besonderem privatrechtlichem, öffentlichrechtlichem oder gesetzlichem Verpflichtungsgrunde beruhenden Renten und dauernden Lasten an. Meist werden diese bereits unter den Betriebsausgaben berücksichtigt sein. Es handelt sich hier namentlich um Darlehens- und Hypothekenzinsen, um Renten für die Benutzung oder Beschädigung von Grundeigentum, um Freikuxlasten und die Tradde, sowie ferner um die Verpflichtungen aus Genußscheinen (OVG. i. St. **18** 68; Isay, § 103 Anm. 17). Auch Verpflichtungen zur Ausschüttung von Gewinnanteilen an Vorstands- und Aufsichtsratsmitglieder, Angestellte und Arbeiter gehören hierher. Daß sie abgezogen werden dürfen, hebt § 6 Nr. 6 KörpStG. noch einmal ausdrücklich hervor.

Zinsen für Darlehen, welche die Gewerken selber der Gewerkschaft gegeben haben, sind gleichfalls abzugsfähig, und zwar auch dann, wenn die Darlehen nach Verhältnis des Kuxbesitzes gegeben worden sind (vgl. OVG. 74 S. 166). Man kann nicht etwa gemäß § 5 RAO. in den Darlehen verschleierte Zubußen und in den Zinsen verschleierte Ausbeuten finden, vorausgesetzt nur, daß durch die Darlehnshingabe eine Rückzahlungspflicht der Gewerkschaft ernstlich begründet werden soll (vgl. OVG. i. St. 17 277; RFH. 1*A* 69, 286). Der Grund, weswegen die Form des Darlehens der der Zubuße oft vorgezogen wird, liegt darin, das das Darlehen eine Konkursforderung begründet. Es fehlt also die Absicht der Steuerumgehung. Das gilt umso mehr als der Weg des Darlehens auch steuerliche Nachteile im Gefolge hat: er bewirkt, daß das Stammkapital der Gewerkschaft kleiner erscheint, also der nach § 13 KörpStG zu erhebende Zuschlag sich erhöht. Soweit die Darlehen vor Inkrafttreten der RAO. gegeben worden sind, ist § 5 RAO. ohnehin unanwendbar. Vergütungen für Darlehen der Gewerken, die nicht nach Verhältnis der Kuxe gegeben worden sind, können auch dann abgezogen werden, wenn es sich nicht um feste Zinsen, sondern um Gewinnanteile handelt. Denn da nach der zwingenden Vorschrift des § 102 ABG. die Ausbeute nach Verhältnis der Kuxe ausgeschüttet werden muß, kann eine solche Vergütung niemals eine verschleierte Ausbeute darstellen.

Die Rentenzahlungen, durch die das Reichsnotopfer getilgt wird, dürfen nur teilweise abgezogen werden. Abzugsfähig sind bei der Tilgungrente (§ 31 RNO.) bis zum Jahre 1929 einschließlich 5 % des ursprünglich geschuldeten oder nach einer Teilzahlung verbliebenen Abgabebetrages, während der folgenden 10 Jahre 4 % dieses Betrages; von da an vermindert sich der Prozentsatz alle fünf Jahre um 1 %. Beim Reichsnotzins (§ 33 RNO.) können während der ersten 15 Jahre 5 % des Abgabebetrages, während der nächsten 10 Jahre 4 % abgezogen werden; von da an sinkt der abzugsfähige Betrag alle 10 Jahre um 1 % (§ 14 EinkStG.). Bei der Bohrgesellschaft kommt ein solcher Abzug natürlich nicht in Betracht, da sie dem RNO. nichtunterliegt.

c) Abzugsfähig sind nach § 13 Nr. 6 u. 7 EinkStG. weiter die Beiträge zu öffentlich rechtlichen Berufs- und Wirtschaftsvertretungen, zu privatrechtlichen Berufsverbänden (z. B. Arbeitgeberverbänden), die keinen wirtschaftlichen Geschäftsbetrieb bezwecken, sowie Beiträge an kulturfördernde, mildtätige, gemeinnützige und politische Vereinigungen, soweit ihr Gesamtbetrag 10% des Einkommens der Gewerkschaft nicht überschreitet.

Endlich können nach § 13 Nr. 8 die bei einzelnen Veräußerungsgeschäften erlittenen Verluste abgezogen werden Näheres vgl. oben Nr. 3 (S. 42).

5. Jahresreingewinn und steuerbares Einkommen.

Die vorstehende Berechnung ergibt den Jahresreingewinn der Gewerkschaft. Auch dieser ist nicht voll steuerpflichtig, vielmehr dürfen abgesetzt werden:

a) Zuwendungen an Unterstützungs-, Wohlfahrts- und Pensionskassen des Betriebes, wenn die dauernde Verwendung für die Zwecke der Kassen gesichert ist (§ 7 Nr. 1 KörpStG.)

b) Die zur Deckung von Unterbilanzen eingestellten Beträge (§ 7 Nr. 4 KörpStG.). Letztere Vorschrift ist für Gewerkschaften, die keine kaufmännischen Bücher führen, unpraktisch.

IV. Gewerkschaften mit kaufmännischer Buchführung.

Bei diesen ist der nach den Vorschriften des HGB. ermittelte bilanzmäßige Reingewinn als Geschäftsgewinn anzusehen. Der Reingewinn ergibt sich aus dem Unterschied zwischen dem Reinvermögen der Gewerkschaft, wie es auf Grund der Inventur in der Eröffnungs- und der Schlußbilanz des Jahres ausgewiesen wird. Bei der doppelten Buchhaltung muß die Verlust- und Gewinnrechnung zu dem gleichen Ergebnis führen. Der Geschäftsgewinn wird daher nicht wie nach der unter III erörterten Methode vornehmlich aus den einzelnen Einnahmen und Ausgaben der Gewerkschaft ermittelt, sondern den Ausgangspunkt der Berechnung bildet der Vermögensbestand zu Beginn und Ende des Jahres. Wenn gleichwohl das Ergebnis der beiden Berechnungsmethoden sich nicht so weit voneinander entfernt, wie man zunächst glauben sollte, so liegt das einerseits daran, daß auch die bisher besprochene

Methode den Bestand an Vorräten und des beweglichen Anlagekapitals berücksichtigt und den Wertänderungen am unbeweglichen Vermögen in Form von Abschreibungen Beachtung schenkt, andererseits daran, daß auch die kaufmännische Bilanz vornehmlich der Erfolgsermittelung dient und daher z. B. sorgfältig darauf achtet, daß Ausgaben und Einnahmen, die dem laufenden Bilanzjahr nicht zugute kommen sollen, dem nächsten Bilanzjahre in Gestalt der sog. transitorischen Posten belastet bzw. gutgeschrieben werden.

Grundlegend für die zutreffende Errichtung der Bilanz ist die Frage, wie die einzelnen Vermögensgegenstände in der Bilanz zu bewerten sind. Von dem Verfasser ist die Auffassung vertreten worden, daß sämtliche Vermögensgegenstände der Gewerkschaft, soweit sie nicht, wie z. B. bares Geld und Geldforderungen, bereits flüssiges Kapital darstellen, zum Einstandspreise in der Bilanz erscheinen müssen, da sonst die Gefahr besteht, unrealisierte Gewinne auszuweisen (Isay, § 121 Anm. 19). Demgegenüber hielt das OVG. (vgl. E. i. St. **14** 274) den Standpunkt fest, das alle Vermögensgegenstände des Kaufmannes zum objektiven Verkaufswert unter der Voraussetzung des Fortbestandes der Unternehmung in der Bilanz erscheinen müßten, indem es den „Wert", von dem § 40 HBG. spricht, ohne weiteres dem Verkaufswert gleichgesetzte. Daher forderte das OVG. eine alljährliche Neueineinschätzung der Aktiven, die beim Bergwerkseigentum nach der Rentenformel vorzunehmen war, und ließ bei steigender Konjunktur trotz fortlaufender Förderung keine Abschreibungen zu, wenn der auf den Substanzverlust beruhende Minderwert durch den in der günstigen Konjunktur begründeten Mehrwert ausgeglichen wurde.

Für das neue Steuerrecht ist die Streitfrage, welcher Wert maßgebend ist, durch § 139 Abs. 2 RAO. u. §§ 32, 33 EinkStG. zugunsten der erstgenannten Ansicht entschieden worden. § 139 Abs. 2 RAO. läßt für das gesamte Anlagekapital die Einsetzung des Anschaffungs- oder Herstellungspreises zu. Die §§ 32 Abs. 2, 33 EinkStG. gehen noch darüber hinaus und gestatten auch für Erzeugnisse, Waren und Vorräte des Betriebs dem Unternehmer die Wahl zwischen dem Verkaufswert und dem Einstandspreise. Als Zweck dieser Vorschrift gibt die Begründung zum EinkStG. (S. 57) ausdrücklich an, daß dem Steuerpflichtigen „nicht zugemutet werden könne, gewerbliche Gewinne, die noch nicht durch entsprechende Veräußerung realisiert sind, bereits als Einkommen zu versteuern". Es kann offen bleiben, ob jene Bestimmungen, insbesondere die des § 32 Abs. 2 EinkStG., unmittelbar auch für buchführende Gewerbetreibende gelten. Jedenfalls sind sie ein wertvolles Auslegungsmittel für § 40 HGB., denn sie zeigen, daß nach heutiger Auffassung im Zweifel der Einstandswert und nicht der Verkaufswert maßgebend ist, wenn in gesetzlichen Bestimmungen eine „Bewertung" von gewerblichem Betriebsvermögen verlangt wird. Praktisch würde keinerlei Grund erkennbar sein, warum heute im Zeitalter der rapidesten Wertschwankungen ein Gewerbetreibender, der Bücher führt, auch unrealisierte Gewinne versteuern müßte, während er bei Unterlassung der Buchführung von dieser Verpflichtung frei wäre.

1. Bewertung eigener und fremder Bergwerke.

Der Anschaffungspreis bildet hiernach vor allem die Grundlage für die Bewertung des Bergwerkseigentums. Er setzt sich zusammen aus dem für die Gerechtsame gezahlten Preis und den für Schachtbauten gemachten Aufwendungen. Um den für die Eröffnungsbilanz maßgebenden Wert zu erhalten, sind hiervon die Abschreibungen abzusetzen, die der seit dem Erwerb bis zum Beginn des Geschäftsjahres eingetretenen Wertminderung, insbesondere dem Substanzverlust entsprechen. Von diesem in der Eröffnungsbilanz enthaltenen Buchwert wird dann weiter entsprechend der Jahresförderung der Abnützung der Grubenbauten usw. abgeschrieben (Näheres Isay, § 121 Anm. 22—26). Dagegen ist eine Veränderung im Verkaufswerte des Bergwerks oder der Mineralien nicht zu berücksichtigen.

Vielfach wird gerade bei Bergwerkseigentum ein Anschaffungspreis nicht vorhanden sein, nämlich in den Fällen originären Erwerbs durch Verleihung oder Konsolidation (vgl. oben S. 43). Hier tritt der nach § 152 RAO. zu ermittelnde „wirkliche Wert", d. h. der Veräußerungswert oder Ertragswert (oben S. 13, 19) an die Stelle des Anschaffungspreises.

Fremde Bergwerke erscheinen nicht auf Gerechtsamekonto. Gehört das Bergwerk einer Tochtergewerkschaft, so sind ihre Kuxe zum Anschaffungspreise zuzüglich etwaiger für deren Bergwerk gemachter Aufwendungen unter „Beteiligungen" einzusetzen (Isay, § 121 Anm. 27). Gepachtete Bergwerke erscheinen in der Bilanz, wenn die Pacht auf eine Reihe von Jahren im voraus gezahlt ist (OVG. i. St. 18 106) oder wenn Aufwendungen für das Bergwerk gemacht sind, die sich erst im Laufe mehrerer Jahre amortisieren sollen. In diesen Fällena handelt es sich um transitorische Aktiva (vgl. oben S. 50). Auf sie sind allmähliche Abschreibungen zulässig (OVG. i. St. 18 106).

Eigene Kuxe der Gewerkschaft sind ebenfalls zum Einstandspreis einzusetzen, falls nicht ihr Verkaufswert niedriger ist. Letzteres kann vorkommen, wenn die Gewerkschaft die Kuxe einem Gewerken abgekauft hat, welcher der Verwaltung durch ständige unbegründete Anfechtung von Versammlungsbeschlüssen und sonstige Quertreibereien lästig fiel.

2. Verbindlichkeiten.

Für die Bilanzierung der Verbindlichkeiten der Gewerkschaft, insbesondere der Schulden für Bergschäden kann auf die oben (S. 23) gemachten Ausführungen verwiesen werden. Nur ist zu beachten, daß Forderungen auf wiederkehrende Leistungen nicht zu kapitalisieren sind. Vielmehr werden nur die im Bilanzjahr fällig gewordenen Raten, soweit sie gezahlt sind, über Verlust- und Gewinnkonto abgebucht und, soweit sie noch rückständig sind, als Schulden eingestellt.

Bei der Bewertung von Forderungen aus Enteignungen, die aus Anlaß des Friedensvertrags erfolgt sind, sowie von Forderungen gegen vormals feindliche Ausländer und gegen Elsaß-Lothringer sind die Vorschriften des Ausgleichsbesteuerungsgesetzes vom 12. Juni 1920 (RGBl. S. 1195) zu berücksichtigen.

3. Kapitalkonto und Reservefonds.

Weiter erscheinen unter den Passiven das Kapitalkonto und etwaige Reservefonds.

Das Kapitalkonto entspricht grundsätzlich dem Gesamtbetrage der von den Gewerken eingeforderten Zubußen. Hiervon gehen die Beträge ab, die in Gestalt von Ausbeuten ohne Vorhandensein seines Reingewinnes zurückgezahlt worden sind, sowie ferner frühere Verluste, die durch Übertrag auf Kapitalkonto beseitigt wurden.

Ist für das Bergwerkseigentum kein Anschaffungpreis gezahlt worden und wird statt dessen daher sein Verkaufswert oder Ertragswert eingesetzt (vgl. S. 52), so muß dieser Betrag auch auf der Passivseite eingestellt werden, sei es, indem er dem Kapitalkonto zugeschrieben wird, sei es, was zweckmäßiger ist, als besonderer Posten.

Zu den Reserven gehört auch der Gewinnvortrag des Vorjahres.

4. Jahresreingewinn und steuerbares Einkommen.

Durch die Vergleichung der nach diesen Grundsätzen errichteten Eröffnungs- und Abschlußbilanz ergibt sich der Jahresgewinn der Gewerkschaft. Zu demselben Ergebnis muß die Verlust- und Gewinnrechnung der doppelten Buchführung führen.

Für die Besteuerung bedarf es jedoch noch einiger Richtigstellungen. Zunächst wird die Gewerkschaft nach kaufmännischem Brauch die gezahlte Körperschaftssteuer unter Geschäftsunkosten verbuchen, so daß sie den Geschäftsgewinn mindert. Nach § 8 Nr. 2 KörpStG. ist sie dem Gewinn hinzuzurechnen. Verluste aus bestimmten Grundstücksveräußerungen (§ 12 Nr. 13, § 13 Nr. 8 EinkStG.; oben S. 45) mindern den Geschäftsgewinn, aber nicht das steuerbare Einkommen.

Umgekehrt bilden Gewinne aus derartigen Grundstücksgeschäften sowie ferner Ausbeuten oder Dividenden von

Tochtergewerkschaften oder -gesellschaften einen Teil des Bilanzgewinns. Letztere dürfen nach § 6 Nr. 8 KörpStG. abgezogen werden, wenn die Gewerkschaft mindestens zu einem Fünftel an der Tochtergesellschaft beteiligt ist.

Tantiemen werden in der Praxis verschieden behandelt, Entweder werden sie erst nachträglich von dem in der Bilanz bereits ausgewiesenen Reingewinn abgezogen oder sie werden vorweg berechnet und unter Geschäftsunkosten verbucht, so daß in der Bilanz nur der nach ihrem Abzug verbleibende Reingewinn erscheint. § 6 Nr. 6 KörpStG. bestimmt, daß die Tantiemen unabhängig von der Art ihrer Verbuchung bei der Steuerveranlagung abgezogen werden dürfen. Eine entsprechende Vorschrift enthält § 7 Nr. 1 KörpStG. für Zuwendungen an Unterstützungs-, Wohlfahrts- und Pensionskassen des Betriebs.

Keiner Richtigstellung des Bilanzgewinns bedarf es dagegen, um der Vorschrift des § 15 Nr. 1 zu genügen, wonach Aufwendungen zur Verbesserung und Vermehrung des Vermögens und zur Schuldentilgung nicht abgesetzt werden dürfen. Denn nach anerkannten Bilanzgrundsätzen entspricht jeder Ausgabe, die eine Kapitalanlage darstellt, ein Bilanzaktivum, und jede Ausgabe zur Tilgung von Schulden vermindert die Passiva.

5. Unterbilanz (Verlustvortrag).

Endlich gestattet § 7 Nr. 3 KörpStG. den Abzug der zur Deckung von Unterbilanzen eingestellten Beträge, also derjenigen Teile des Jahresgewinns, die gegen einen aus früheren Jahren stammenden Verlustvortrag verrechnet werden. Nach bisherigem preußischen Recht galt dies nur bei der Aktiengesellschaft als zulässig, nicht dagegen bei der G. m. b. H. und der Gewerkschaft (vgl. OVG., Entsch. i. St. **13** 300, **14** 280; vgl. jedoch OVG. i. St. **18** 111). § 7 Nr. 3 will offensichtlich die Bevorzugung einzelner Gesellschaftsformen beseitigen (vgl. bereits RFH. 2 A 77 für die Kriegssteuer). Zu beachten ist, daß trotz Fehlen eines Reingewinns Ausbeuten verteilt werden können; es handelt sich dann um eine

Kapitalrückzahlung (Isay, § 102 Anm. 1). Trotz der Ausbeuteverteilung kann also der Verlustvortrag bestehen bleiben und gegen Gewinne späterer Jahre verrechnet werden.

6. Die besondere Steuerbilanz.

Nach § 33 Abs. 2 EinkStG. sind für die Berechnung des Geschäftsgewinnes die vom HGB. für Inventur und Bilanz vorgeschriebenen Grundsätze maßgebend. Dagegen ist die Gewerkschaft an die tatsächlich von ihr errichtete Bilanz nicht gebunden. Es ist also nicht verwehrt und in der Regel sogar unvermeidlich, für die Einkommensermittelung eine besondere Steuerbilanz aufzumachen, die von der in der Gewerkwerkenversammlung genehmigten Bilanz wesentlich abweicht. Die für das Pr. EinkStG. vom OVG. in ständiger Praxis vertretene abweichende Ansicht (vgl. z. B. Entsch. i. St. **14** 277) ist bereits für die Kriegsgewinnsteuer aufgegeben worden (RFH. 1A 239). Nur insofern kommt der von der Gewerkenversammlung genehmigten Bilanz Bedeutung zu, als sie die Vermutung der Richtigkeit für sich hat, also die Steuerbehörde die Unrichtigkeit der Bilanzansätze nachweisen muß, falls sie davon abweichen will (OVG. i. St. **7** 339).

V. Der Steuersatz.

Die zu entrichtende Steuer setzt sich aus zwei Teilen, einem Betrage von 10% des nach den geschilderten Grundsätzen ermittelten steuerpflichtigen Einkommens und einem gestaffelten Zuschlage zusammen (§§ 12, 13 KörpStG.). Die Berechnung dieses Zuschlages bedarf genauerer Besprechung.

1. Der Zuschlag wird errechnet von den Beträgen, die aus dem steuerpflichtigen Einkommen oder aus dem Einkommen früherer Jahre als Gewinnanteile verteilt werden. Hierbei bleiben die auf eigene Kuxe der Gewerkschaft entfallenden Beträge außer Betracht (vgl. OVG. i. St. **4** 200).

Bei den Gewerkschaften entsteht eine Schwierigkeit dadurch, daß sie nicht Gewinnanteile, sondern Ausbeuten ausschütten und die Verteilung von Ausbeute, wie bereits mehrfach erwähnt, keineswegs voraussetzt, daß ein Gewinn erzielt ist, vielmehr auch eine Rückzahlung entbehrlich gewordenen Kapitals in sich schließen kann. (Isay, § 102 Anm. 1). Ja, noch mehr, diejenigen Gewerkschaften, welche keine kaufmännischen Bücher führen und keine Bilanzen errichten, können in der Regel, nämlich solange der Verlag (die Zubußen) noch nicht wieder erstattet ist, überhaupt nicht wissen, ob eine von ihnen verteilte Ausbeute Gewinn oder Kapitalrückzahlung darstellt.

a) Hiernach bildet bei Gewerkschaften, die keine kaufmännischen Bücher führen, die zum Zwecke der Steuerveranlagung aufgestellte Einkommensberechnung die einzige Grundlage, von der aus ermittelt werden kann, ob eine verteilte Ausbeute Gewinn oder Kapitalrückzahlung darstellt. Übersteigt die Ausbeute das ermittelte Einkommen, so ist der Überschuß steuerfrei. Bleibt die verteilte Ausbeute darunter, so ist der Zuschlag von der gesamten Ausbeute zu berechnen. Der in letzterem Falle die Ausbeute übersteigende Einkommensbetrag kann gleichsam als Rückstellung für die Zukunft angesehen werden; übersteigt also in einem späteren Jahre die Ausbeute das ermittelte Einkommen, so ist sie gleichwohl auch in Höhe dieser Rückstellung zuschlagspflichtig. Dagegen können die vor dem Jahre 1919 (vgl. § 34 KörpStG.) liegenden Jahre nicht zur Ermittelung einer derartigen Rückstellung herangezogen werden. Denn für diese früheren Jahre ist die Veranlagung nicht nach den Grundsätzen des KörpStG. und EinkStG. vorgenommen worden.

b) Bei den buchführenden Gewerkschaften sind die verteilten Ausbeuten zunächst mit Hilfe der Bilanz daraufhin zu prüfen, ob sie sich als Gewinnanteile oder als Kapitalrückzahlung darstellen. Ersteres ist nur möglich, insoweit sie durch den im abgelaufenen Jahre erzielten Reingewinn oder durch aufgelöste Reservefonds gedeckt werden. Nicht aufgelöste Reservefonds dagegen bleiben außer Betracht; die Gewerkschaft ist nicht gehindert, eine den Jahresgewinn übersteigende Ausbeute vom Kapital statt von einem vorhandenen Reservefonds abzuschreiben.

Ist auf diese Weise die Höhe des verteilten Gewinns festgestellt, so ist er daraufhin zu prüfen, inwieweit er aus dem steuerbaren Einkommen des abgelaufenen oder der früheren Jahre stammt. Denn nicht jeder Bilanzgewinn stellt steuerbares Einkommen dar. Nach den oben (S. 53) erörterten Vorschriften sind zur Ermittelung des letzteren von dem Bilanzgewinn die Ausbeuten von Tochtergewerkschaften, die Gewinne aus der Veräußerung gewisser Grundstücke und Berechtigungen, ferner Tantiemen, Zuweisungen an Wohlfahrtsfonds und Verlustvorträge früherer Jahre abzuziehen. Es ist also möglich, daß eine Ausbeute zwar lediglich aus dem Bilanzgewinn entnommen wird, daß sie aber gleichwohl nicht in voller Höhe zuschlagspflichtig ist, weil sie das steuerbare Einkommen übersteigt.

2. Die Höhe des Zuschlages richtet sich nach dem Verhältnis, in dem die verteilten zuschlagspflichtigen Ausbeuten zu dem vorhandenen Grund- oder Stammkapital stehen. Ein Zuschlag wird überhaupt nicht erhoben, wenn die zuschlagspflichtigen Ausbeuten nicht mehr als 3% des Grundkapitals ausmachen. Betragen die zuschlagspflichtigen Ausbeuten nicht mehr als 4% des Grundkapitals, so wird ein Steuerzuschlag von 2% der zuschlagspflichtigen Ausbeuten in Ansatz gebracht. Dieser Satz steigt allmählich; sein Höchstbetrag ist 10% und wird erhoben, wenn die zuschlagspflichtigen Ausbeuten mehr als 18% des Grundkapitals ausmachen.

Das Grundkapital der Gewerkschaft wird nach § 16 KörpStG. im wesentlichen ebenso berechnet wie gemäß § 17 RNO. (oben S. 26). Jedoch sind folgende Unterschiede vorhanden:

Erstlich greift § 16 KörpStG. wieder auf die Fassung des Pr. EinkStG. zurück und will nur die Gestehungskosten „des im Betriebe befindlichen Bergwerkes" berücksichtigt wissen. Das OVG. (Entsch. i. St. 17 239) hat die entsprechende Vorschrift des § 15 Pr. EinkStG. dahin ausgelegt, daß unter dem Grundkapital der Gewerkschaft nur „das eigentliche Anlagekapital, d. h. das in dem Bergwerk selbst, wie in den Betriebsanlagen und Einrichtungen angelegte Kapital, im Gegensatz zum Betriebskapital" zu verstehen sei. Diese Begriffsbestimmung ist indessen insofern unbefriedigend, als sie stillschweigend das Anlagekapital der Gewerkschaft dem in den Bergwerksanlagen investierten Kapital gleichgesetzt. In Wahrheit gehören zum Anlagekapital außerdem noch etwaige Beteiligungen an Tochtergewerkschaften eowie ferner solche Fabriken und Betriebe, welche mit dem Bergwerksbetrieb in keinen wirtschaftlichen Zusammenhange stehen. Letztere, also beispielsweise eine der Gewerkschaft gehörige Schuhfabrik, bleiben kraft der positiven Vorschrift des Gesetzes außer Betracht, und das ist verständlich, da ein solcher Mißbrauch der Gewerkschaftsform keine Förderung verdient. Dagegen ist nicht einzusehen, warum die für den Erwerb der Kuxe einer Tochtergewerkschaft gemachten Aufwendungen bei der Berechnung des Grundkapitals ausscheiden sollten, namentlich wenn, wie so oft, das Bergwerk der Tochtergesellschaft durch die Muttergesellschaft ausgebeutet wird. Daß solche Kuxe, da sie eine dauernde Anlage darstellen, nicht zum Betriebskapital, sondern zum Anlagekapital gehören, bedarf keiner weiteren Begründung. Hiernach sind bei der Ermittelung des Grundkapitals der Gewerkschaft gemäß § 16 KörpStG. alle zum Anlagekapital der Gewerkschaft gehörigen Vermögensgegenstände zu berücksichtigen, die unmittelbar oder mittelbar dem Betriebe des Bergwerks dienen, also beispielsweise das Bergwerk selbst nebst Förderanlagen und Halden, die Anlagen zur Aufbereitung und Weiterverarbeitung der geförderten Mineralien, die Anlagen zur Nebenproduktgewinnung und -verarbeitung, etwaige Kraftzentralen, Schlossereien usw., endlich die Beteiligungen an verwandten Betrieben, namentlich Kuxe von Tochtergewerkschaften. Auszuscheiden ist einerseits der Teil des Anlagekapitals, der mit dem Bergwerksbetriebe in keinem Zusammenhang steht, andererseits das Betriebskapital.

Ferner ordnet § 16 KörpStG. im Gegensatz zu § 17 RNO. an, daß, wenn die wirklichen Gestehungskosten jener Anlagen nicht nachgewiesen werden, ihr Anschaffungs wert einzusetzen ist. Nach früherem preußischen Recht wurde in Ermangelung einer gesetzlichen Vorschrift für diesen Fall angenommen, daß die mutmaßlichen, eventuell die üblichen Gestehungskosten zu schätzen seien (OVG. i. St. 2 11), und Entsprechendes hat auch für das RNO. zu gelten (oben S. 27). Das läuft praktisch auf Ermittelung des zur Zeit des Erwerbes bestehenden Anschaffungswertes hinaus. Infolgedessen bringt die Vorschrift des § 16 KörpStG. nur insofern eine Abweichung mit sich, als sie der Gewerkschaft die Wahl des Zeitpunktes frei läßt, für den der Anschaffungswert geschätzt wird. Die Gewerkschaft kann also statt des Zeitpunkts des Erwerbs irgend einen späteren Zeitpunkt wählen, von dem an sie die tatsächlich aufgewandten Kosten nachzuweisen imstande ist. Sie kann auch den bei Beginn des Geschäftsjahres geltenden Anschaffungswert zugrunde legen, darf aber dann natürlich früher aufgewandte Kosten nicht hinzuzählen.

Endlich beharf es nach § 16 KörpStG. der Zustimmung des Finanzministeriums, wenn die Gewerkschaft ihr Kapitalkonto als Grundkapital behandelt wissen will. Nach § 17 RNO. genügt die Zustimmung des Finanzamts.

Die Gewerkschaft ist an die bei der erstmaligen Veranlagung aufgestellte Berechnung des Grundkapitals nicht dauernd gebunden, kann sie vielmehr bei späteren Veranlagungen berichtigen und sogar noch eine andere der verschiedenen Berechnungsarten wählen (vgl. OVG. i. St. 5 57).

Bei der Bohrgesellschaft gilt nach § 16 KörpStG. die Summe der Einlagen, d. h. die Summe der von den Gesellschaftern auf die Bohranteile eingeforderten Zubußen als Grundkapital. Dieser Betrag kann größer sein als das in der Bilanz der Bohrgesellschaft erscheinende Kapitalkonto, wenn nämlich frühere Verluste vom Kapitalkonto abgeschrieben worden sind.

VI. Die Steuerveranlagung.

Die Veranlagung der Steuer erfolgt auf Grund des Ergebnisses jedes Geschäfts- oder Kalenderjahres. Eine Durchschnittsberechnung aus dem Ergebnis dreier Jahre findet im Gegensatz zu dem bisherigen preußischen Rechte nicht statt. Wegen der Einzelheiten kann auf §§ 20—24 KörpStG. verwiesen werden. In der Anwendung auf die Gewerkschaft ergeben sich keinerlei Besonderheiten.

Außerdem ist eine Veranlagung bei Beendigung der Steuerpflicht (oben S. 31) oder bei Umwandlung in eine andere Rechtsform erforderlich (§§ 21 Satz 2, 25 Nr. 1 KörpStG.). Letztere Voraussetzung ist gegeben, wenn eine Gewerkschaft alten Rechts gemäß § 235a ff. ABG. in eine neue Gewerkschaft umgewandelt wird. Im übrigen ist eine Umwandlung der Gewerkschaft in eine andere Rechtsform nur durch Auflösung und Neugründung möglich (Isay, Anhang hinter § 134 Anm. 42 ff.).

Die Umwandlung der Bohrgesellschaft in eine andere Rechtsform kann sich dadurch vollziehen, daß sie — freiwillig oder auf Veranlassung des Registerrichters (Isay II S. 265) — in eine offene Handelsgesellschaft oder Kommanditgesellschaft umgebildet wird.

Im Falle der Auflösung ist der Betrag festzustellen, um den das zur Verteilung gelangende Vermögen höher ist als das Grundkapital. Das Grundkapital wird nach den Vorschriften des § 16 KörpStG. ermittelt (oben S. 57). Bei Gewerkschaften, die zum Reichsnotopfer veranlagt sind, tritt an die Stelle des Grundkapitals ihr für das Notopfer festgestelltes Vermögen. Soweit nicht jener Überschuß schon versteuert ist oder aus steuerfreien Vermögenszugängen stammt, ist er nachzuversteuern (§§ 17, 33 KörpStG.).

Wird das Vermögen der Gewerkschaft ohne Liquidation im ganzen übertragen, so tritt für die Berechnung des nachzuversteuernden Überschusses an die Stelle der Liquidationsmasse die für das Vermögen gewährte Gegenleistung.

Die Nachversteuerung ist verschieden, je nachdem die Gewerkschaft schon fünf Jahre besteht oder noch nicht. Im letzteren Falle ist der Überschuß dem letzten Jahresergebnis zuzuschlagen, so daß die Gewerkschaft in eine höhere Steuerstufe (§ 13) kommt. Im ersteren Falle dagegen wird der Überschuß gesondert versteuert und zwar nach den Steuersätzen, die sich bei seiner Verteilung auf die letzten fünf Jahre ergeben, mindestens aber mit 12% (§ 17 KörpStG.).

C. Die Kapitalertragssteuer.

Der Kapitalertragssteuer unterliegen nach § 2 Abs. 1 Nr. 1 KEStG. die „Erträge aus inländischen Kapitalanlagen". Als Beispiele werden in Ziffer 1 die „Ausbeuten und sonstigen Gewinne" genannt, welche auf Kuxe, Genußscheine sowie auf Anteile an bergbautreibenden Vereinigungen mit juristischer Persönlichkeit entfallen, in Ziffer 6 ferner „vererbliche Rentenbezüge". § 2 Abs. 2 erstreckt die Steuer auch auf besondere Entgelte oder Vorteile, die neben oder an Stelle der genannten Kapitalerträge gewährt werden.

1. Hiernach gelten als Kapitalanlage zunächst einmal alle Kuxe, ohne Rücksicht darauf, ob die Gewerkschaft juristische Persönlichkeit besitzt. Die Frage nach der Natur der Gewerkschaft alten Rechts ist also auch hier ausgeschaltet.

Genußscheine sind den Kuxen gleichgestellt.

Anteile an Bohrgesellschaften werden dagegen von der Steuer nicht betroffen, da die Bohrgesellschaft keine Rechtsfähigkeit besitzt.

Freikuxberechtigungen und Renten, die für die Entziehung oder Beschädigung von Grundeigentum bezahlt werden, sind ebenfalls nicht steuerpflichtig, da sie keine Kapitalanlage darstellen. Vielmehr sind die Freikuxe teils (so Kirchen- und Schulkuxe) öffentliche Abgaben, teils stellen sie (so der Grundkux und die Tradde) eine Vergütung für die Benutzung des Grund und Bodens dar (Isay, § 224 Anm. 1ff., 13). Entsprechendes gilt für die aus §§ 137, 148 ABG. sich ergebenden Renten.

2. Steuerpflichtig sind die „Erträge" der erwähnten Kapitalanlagen. Als Ertrag sind nur solche Bezüge anzusehen, die den Stamm des Kapitals unberührt lassen. Das trifft auf Ausbeuten, wie bereits mehrfach erwähnt, nicht durchweg zu. Sie können auch die Rückzahlung überflüssigen Kapitals darstellen. Im letzteren Falle sind sie naturgemäß nicht steuerpflichtig; vielmehr reicht die Steuerpflicht nur soweit, als in der Ausbeute Reingewinn enthalten ist. Bei Gewerkschaften,

die kaufmännische Bücher führen, ist dies an Hand der Bilanzen zu ermitteln; über die für die Errichtung der Bilanzen geltenden Grundsätze siehe oben S. 49 ff. Bei Gewerkschaften ohne kaufmännische Buchführung kann der Reinertrag nur auf Grund der für die Körperschaftssteuer maßgebenden Einkommensberechnung (oben S. 39 ff.) festgestellt werden. Nur sind, abweichend hiervon, auch diejenigen an Grundstücken gemachten Gewinne und Verluste zu berücksichtigen, die nach der positiven Vorschrift der §§ 12 Nr. 13, 13 Nr. 8 EinkStG. außer Betracht bleiben; und ferner mindert die von der Gewerkschaft gezahlte Körperschaftssteuer naturgemäß den Ertrag der Kuxe.

Nicht steuerpflichtig sind die Ausbeuten, die auf eigene Kuxe der Gewerkschaft entfallen (vgl. OVG. i. St. 4 200) Das gleiche gilt für Ausbeuten, welche auf die einer Muttergesellschaft gehörigen Kuxe gezahlt werden, vorausgesetzt daß die Muttergesellschaft mindestens ein Fünftel der Kuxe seit Beginn des letzten verflossenen Geschäftsjahres besitzt (§ 3 Nr. 10 KEStG.).

3. Die Steuer beträgtnach § 6 KEStG. 10% der steuerpflichtigen Ausbeute. Wird die Ausbeute in Mineralien verteilt, so ist deren gemeiner Wert (§ 138 RAO.) maßgebend.

Die Steuer wird von der Gewerkschaft an der Ausbeute gekürzt und für Rechnung der Gewerken binnen einem Monat nach Fälligkeit gezahlt (§ 9). Die Fälligkeit der Steuer tritt gleichzeitig mit der des Kapitalertrags, also der Ausbeute, ein (§ 10). Die Ausbeute wird fällig, wenn die Gewerkenversammlung die Verteilung von Ausbeute beschließt (Isay, § 102 Anm. 3). Daß bereits vorher, wie das vielfach üblich ist, der Grubenvorstand vierteljährlich Abschlagszahlungen auf die Ausbeute leistet, bewirkt noch keine Fälligkeit der Steuer. Der Vorstand wird zwar zweckmäßig den Betrag der Steuer einbehalten, braucht ihn aber nicht abzuführen und ist auch befugt, statt dessen den ganzen Betrag der Steuer an der letzten Rate zu kürzen.

Sachregister.

(Die Zahlen bedeuten die Seiten.)

Gedruckt bei A. W. Hayn's Erben, Potsdam

FSC
www.fsc.org
MIX
Papier | Fördert gute Waldnutzung
FSC® C083411

Kolibri 360 GmbH
Ferdinand-Jühlke-Straße 7
99095 Erfurt, Deutschland
produktsicherheit@kolibri360.de